Coleção Dramaturgia

MATÉI
VISNIEC

Biblioteca teatral

Copyright © 2012 Actes Sud
Copyright da edição brasileira © 2017 É Realizações
Título original: *Du Pain Plein les Poches et Autres Pièces Courtes*

Editor
Edson Manoel de Oliveira Filho

Produção editorial, capa e projeto gráfico
É Realizações Editora

Preparação de texto
Erika Nogueira

Revisão de texto
Liliana Cruz

Diagramação
Nine Design Gráfico | Mauricio Nisi Gonçalves

Reservados todos os direitos desta obra. Proibida toda e qualquer reprodução desta edição por qualquer meio ou forma, seja ela eletrônica ou mecânica, fotocópia, gravação ou qualquer outro meio de reprodução, sem permissão expressa do editor.

CIP-Brasil. Catalogação-na-Fonte
Sindicato Nacional dos Editores de Livros, RJ

V816b

Visniec, Matéi, 1956-
 Os bolsos cheios de pão : e outras peças curtas / Matéi Visniec ; tradução Roberto Mallet. - 1. ed. - São Paulo : É Realizações, 2017.
 112 p. ; 21 cm. (Biblioteca teatral)

Tradução de: Du pain plein les poches et autres pièces courtes
ISBN 978-85-8033-277-3

1. Teatro romeno. I. Mallet, Roberto. II. Título. III. Série.

16-36936
CDD: 859.2
CDU: 821.133.1(498)-2

10/10/2016 13/10/2016

É Realizações Editora, Livraria e Distribuidora Ltda.
Rua França Pinto, 498 · São Paulo SP · 04016-002
Caixa Postal: 45321 · 04010 970 · Telefax: (5511) 5572 5363
atendimento@erealizacoes.com.br · www.erealizacoes.com.br

Este livro foi impresso pela Paym Gráfica e Editora em março de 2017. Os tipos usados são da família Sabon LT Std e Helvetica Neue. O papel do miolo é alta alvura 90g, e o da capa, cartão Ningbo C2 250 g.

Os bolsos Cheios de Pão

e outras peças curtas

MATÉI Visniec

TRADUÇÃO: ROBERTO MALLET

É Realizações
Editora

SUMÁRIO

OS BOLSOS CHEIOS DE PÃO | 7

O ÚLTIMO GODOT | 51

A ARANHA NA CHAGA | 69

A SEGUNDA TÍLIA À ESQUERDA | 91

Os bolsos *Cheios* de Pão
Peça em um ato

O HOMEM COM A BENGALA

O HOMEM DE CHAPÉU

AS PERSONAGENS

Junto a um poço.

O Homem com a Bengala e O Homem de Chapéu observam o fundo do poço.

O HOMEM COM A BENGALA: Essa gente, não são homens.

O HOMEM DE CHAPÉU: Homens, aquilo?

BENGALA: Não sei como poderíamos chamá-los... os...?!

CHAPÉU: Canalhas!

BENGALA: Exato.

CHAPÉU: Sádicos.

BENGALA: Justamente.

CHAPÉU: Canalhas sádicos, não há outra expressão.

BENGALA: Imundície.

CHAPÉU: Justamente. Imundície. Isso não se faz, não. Tudo, menos isso.

BENGALA: Assassinos.

CHAPÉU: Que matam a sangue-frio, assassinos, homicidas.

BENGALA: Crápulas!

(*Pausa.*)

CHAPÉU: Vão ter que pagar, esses crápulas.

BENGALA: Pagar, você diz?! O certo é cortar-lhes de vez a garganta.

CHAPÉU: Não há dúvida, o certo é cortar-lhes a garganta.

BENGALA: Mas de verdade, cortar-lhes mesmo a garganta, arrancar-lhes mesmo os dentes, de todos eles.

CHAPÉU: Certo. Sem piedade.

BENGALA: Esmagar essa gente como vermes. É o que eles merecem: esmagá-los como vermes e depois abandoná-los, que eles se danem, na poeira.

CHAPÉU: Que apodreçam lá, à beira da estrada, uma carniça à beira da estrada, e todos os que passarem vão cuspir nela.

BENGALA: Essa gente, o que eles merecem é que se enfie a mão neles.

CHAPÉU: Não, não basta isso, temos que cortar-lhes a garganta.

BENGALA: Cortar-lhes a garganta, concordo. Mas para cortar-lhes a garganta temos antes que botar as mãos neles. É mais simples cortar-lhes a garganta que pôr as mãos neles.

(*Pausa.*)

CHAPÉU: Mas agora não se vê nada, lá.

BENGALA: Agora não se vê nada, mas ele já foi visto.

CHAPÉU: Quando, isso?

BENGALA: Ao meio-dia.

CHAPÉU: Foi visto ao meio-dia?

BENGALA: Ao meio-dia, sim, ele foi visto. Ao meio-dia eu passava por aqui e ele foi visto. Hoje de manhã também foi visto.

CHAPÉU: Você passou por aqui de manhã?

BENGALA: Esta manhã, sim...

CHAPÉU: E ele latia?

BENGALA: Ah, sim, não parava de latir.

(*Chapéu olha para dentro do poço.*)

CHAPÉU: Afinal, talvez não seja culpa de ninguém.

BENGALA: Como assim, culpa de ninguém?

CHAPÉU: Ora, assim. Talvez tenha caído sozinho. Estava passando e então caiu, como se costuma cair nos poços.

BENGALA: Não é possível.

CHAPÉU: E por que não? Acontece de tudo...

BENGALA: Como quer que ele tenha caído sozinho? Ele não tinha nem os olhos vendados.

CHAPÉU: Sabe-se lá? E se fosse cego?

BENGALA: Bobagem!

CHAPÉU: Isso não! Por que seria bobagem? Sabe o número de cegos que se arrastam...?

BENGALA: Isso não tem nenhuma relação.

CHAPÉU: Essa é ótima! Por que não tem nenhuma relação?

BENGALA: Alguém já viu um cachorro cego? Homens e mulheres, crianças, isso sim, tudo bem. Mas cachorros...?! Quantos cachorros cegos você já viu?... Por curiosidade...

CHAPÉU: Nenhum.

BENGALA: Evidente.

CHAPÉU: Cachorros em geral, não. Mas ainda assim pode ser que esse aí fosse cego. Não os cachorros em geral, mas esse aí.

BENGALA: Não, com certeza, não há cachorro cego, isso não existe.

CHAPÉU: Não existe, exceto esse aí. A menos que ele mesmo tenha se atirado.

BENGALA: Como assim... ele mesmo?

CHAPÉU: Pode ser que estivesse saturado e tenha decidido acabar com tudo.

BENGALA: Não estou entendendo.

CHAPÉU: Matar-se, meu senhor, suicidar-se, estava saturado de tudo e então se jogou neste poço, conscientemente, deliberadamente.

BENGALA: Os animais não se matam, meu senhor, é por isso que são animais, bestas.

CHAPÉU: Mesmo? E as baleias?

BENGALA: O que têm as baleias?

CHAPÉU: As baleias não são animais?

BENGALA: Não vejo a ligação.

CHAPÉU: São animais como todos os animais, as baleias, meu senhor, e entretanto elas se atiram na areia da praia. Isto ninguém pode negar: a ciência já provou que as baleias atiram-se na praia e se matam. Aí está!

BENGALA: As baleias são uma coisa e os cachorros, outra. Não há comparação.

CHAPÉU: Me desculpe, mas não concordo com o seu ponto de vista. As baleias são animais como todos os animais e entretanto elas se matam como os homens.

BENGALA: Por que insiste que as baleias se matam? Somente os homens se suicidam. Os animais não.

CHAPÉU: Era assim antigamente. Hoje o mundo mudou. O mundo, tudo isso que nos rodeia, isso muda, meu senhor, está em contínuo movimento. Hoje o mundo está mudado e tudo pode acontecer. Sabia que a aranha fêmea devora o macho? Ela o papa até a última migalha, não sobra nada, nada. O que acha disso?

BENGALA: Ela o come porque é o costume entre as aranhas, esses animais foram feitos para se devorar entre si. Isso foi sempre assim, com as aranhas.

CHAPÉU: Talvez, mas a ciência prova que nesses últimos tempos as aranhas têm se devorado mais do que antes.

BENGALA: Ora, mas de onde é que tirou todas essas baboseiras?

CHAPÉU: Pode ser que sejam baboseiras, mas já reparou no número de moscas que existem nos últimos tempos? Há alguns anos, não havia todas essas moscas. As moscas morriam no inverno, não sobrava uma só, no inverno. Agora não. É uma coisa que salta aos olhos.

BENGALA: Escute, do que está falando? De moscas ou de cachorros? São coisas completamente diferentes.

CHAPÉU: As moscas, é coisa que salta aos olhos. O cachorro, eu não estou vendo.

BENGALA: Agora não se vê, mas eu lhe digo que há pouco era visível.

CHAPÉU: E se por acaso foi somente uma ilusão, teve apenas a impressão de vê-lo?

BENGALA: Por que insinua que foi uma ilusão quando eu de fato o vi? Eu o vi como estou vendo você.

CHAPÉU: Ah, é? Nunca ouviu falar de miragens?

BENGALA: Não estamos no deserto! Pois eu juro que o vi! Não sou louco, não.

CHAPÉU: Não fique nervoso, eu acredito.

(*Olham para dentro do poço.*)

Talvez já esteja morto.

BENGALA: Sei lá... Pode ser... De fato, não acredito que esteja.

CHAPÉU: Poderíamos riscar um fósforo e jogar lá dentro, hein? Uma bola de papel, melhor ainda. Se pusermos fogo numa bola de papel e jogarmos lá dentro?

BENGALA: Ele vai se borrar de medo.

CHAPÉU: Por que ter medo de uma bola de papel ardente? É exatamente para ver se ainda está lá.

BENGALA: Deve estar lá.

CHAPÉU: Para ver se ainda está vivo. Por que ter medo?

BENGALA: Vai ficar com medo. Os animais, eles se borram todos com o fogo. Você já viu um animal ir para junto do fogo?

CHAPÉU: É verdade, mas talvez este seja diferente. Talvez, no caso deste, o fogo não lhe cause nenhum medo.

BENGALA: É o que você diz! Alguém já viu um animal que não tivesse medo do fogo? O animal é feito assim, sempre tem medo do fogo. Eu acho muito melhor jogar uma pedra.

CHAPÉU: E se ela cair em cima dele? Pode causar-lhe algum mal.

BENGALA: Vamos escolher uma bem pequena.

CHAPÉU: Mesmo uma bem pequena. Se cair no olho dele, hein? Mesmo se for pequena, a pedra, se cair no olho dele, vai furá-lo.

BENGALA: Talvez, mas mesmo assim...

CHAPÉU: E se, apesar de tudo, ela furá-lo?

BENGALA: Mas o que importa é fazê-lo grunhir, não é? Se estiver morto, isso não interessa, mesmo se a pedra cair em seu olho; e se estiver vivo, mesmo se ela cair em seu olho e furá-lo, ele vai grunhir, vai latir, não? E saberemos que está vivo, e isso é para o seu bem, não?

(*Chapéu apanha uma pedra.*)

CHAPÉU: Esta, pode ser?

BENGALA: De jeito nenhum.

CHAPÉU: Então vá você, escolha!

BENGALA: O importante é que seja lisa.

CHAPÉU: Aquela ali acho que serve.

BENGALA: É, aquela ali, é boa. Vamos, jogue-a.

CHAPÉU: A ideia é sua. Você é que disse: vamos jogar uma pedra, e esta é uma pedra boa, agora jogue-a.

BENGALA: Não tem a mínima importância jogar esta pedra.

CHAPÉU: Se não tem importância, jogue-a você mesmo.

(*Bengala joga a pedra. Expectativa.*)

Deve estar morto.

BENGALA: Eu não acredito que esteja morto.

CHAPÉU: Por quê?

BENGALA: Não sei, uma espécie de intuição.

CHAPÉU: Temos que tentar com uma maior.

(*O cachorro late.*)

BENGALA: Viu? Bem que eu disse que não estava morto. Eu lhe disse, sim ou não?

CHAPÉU: Incrível.

BENGALA: Não está morto. Ao meio-dia também não estava morto. Não estava morto de jeito nenhum.

CHAPÉU: Extraordinário.

BENGALA: Então? O que é que me diz? O que devemos fazer com essa gente? Merece o quê, essa gente que faz uma coisa assim?

CHAPÉU: Canalhas!

BENGALA: Canalhas?! Assassinos, meu senhor, criminosos!

CHAPÉU: É uma vergonha!

BENGALA: Canalhas assim é difícil até de imaginar. Um cachorro vivo, saudável, ser jogado num poço! Eu nunca ouvi falar de tamanha canalhice. Você já ouviu falar de uma sujeira dessas, um cachorro jogado vivo num poço? Num poço?

CHAPÉU: Não, nunca.

BENGALA: Como alguém pode jogar um cachorro vivo num poço?... Assim... Só alguém muito doente para jogar um cachorro vivo num poço. Como jogar um cachorro num poço? Por que jogar um cachorro num poço? Está compreendendo? Isto é uma coisa que nem se pode imaginar, jogar um cachorro num poço. Você consegue imaginar?

CHAPÉU: Não, não consigo.

BENGALA: É contra a natureza. É completamente contra a natureza e contra tudo.

CHAPÉU: Eu acho que sei quem é responsável por isso!

BENGALA: Quem?

CHAPÉU: Não vai acreditar!

BENGALA: Vou sim, diga!

CHAPÉU: Os meninos...

BENGALA: Quais meninos?

CHAPÉU: Os meninos em geral. Não imagina o quanto eles podem ser cruéis, os meninos, sobretudo com os animais.

BENGALA: Isso não tem nada a ver com meninos.

CHAPÉU: Acredite em mim, sei do que estou falando, ora. Os meninos podem ser muito mais cruéis do que se imagina. Porque os meninos ainda não sabem o que é a crueldade, entende? Quando se é um menino não se tem a menor ideia do que é a crueldade, se é capaz de qualquer coisa.

BENGALA: Os meninos uma figa... Não podem ter sido os meninos. O cachorro é enorme, muito grande, muito colossal, não podem ter sido os meninos... Este cachorro não se deixaria jogar num poço por um bando de meninos.

CHAPÉU: Então por loucos, descerebrados! Há muitos em liberdade. É que o mundo enlouqueceu, meu senhor, o mundo. Então está cheio de loucos por aí, podem ser vistos pelas ruas.

BENGALA: Os loucos, essa também não engulo. Um louco não joga um cachorro num poço. Isso, veja bem, foi feito por ódio, é o ódio, esse ódio horrível, um ódio surdo, cego. Esse ódio que vive no íntimo... Um ódio total, global... Ele deve ter submergido a razão, esse ódio, somente odiando tudo e todos para chegar a isto, para jogar um cachorro vivo num poço.

(*Latidos.*)

CHAPÉU: Vamos fazer alguma coisa.

BENGALA: O quê?

CHAPÉU: Vamos fazer alguma coisa para tirá-lo daí.

BENGALA: Dizer é fácil.

CHAPÉU: Temos que tirá-lo daí.

BENGALA: Como diabos tirá-lo daí?!

CHAPÉU: Não tenho nenhuma ideia.

BENGALA: Então?!

CHAPÉU: Eu acho que não deve ser tão difícil tirá-lo daí.

BENGALA: Também eu pensava que temos que tirá-lo daí. Mas acho que não será nada fácil.

CHAPÉU: Temos que descer e tirá-lo daí.

BENGALA: Como assim, descer?

CHAPÉU: Descer, ué.

BENGALA: Descer onde?

CHAPÉU: Como descer onde? No poço.

BENGALA: Neste poço?

CHAPÉU: É, neste poço. Descemos, o tiramos e acaba a história.

BENGALA: Como descer?

CHAPÉU: É possível. Não tem mistério: tiramos a sorte e pronto.

BENGALA: Estou fora.

CHAPÉU: Por quê?

BENGALA: Bom, descer como? Não há nenhum meio de descer no poço. Pense bem!

CHAPÉU: Precisamos de uma escada.

BENGALA: Uma escada não serve pra nada.

CHAPÉU: Claro que sim. Se tivermos uma escada podemos descer até o fundo do poço.

BENGALA: Pois eu lhe digo que uma escada e um monte de merda é a mesma coisa; uma escada... Já olhou direito este poço? É muito profundo. Onde vai encontrar uma escada tão profunda assim? Talvez não tenha ainda compreendido como é profundo este poço. Não existe uma escada assim...

CHAPÉU: Talvez então uma corda...

BENGALA: Eu também pensei numa corda.

CHAPÉU: É isto, uma corda grossa, uma corda grossa com nós.

BENGALA: Já lhe disse que eu também já pensei numa corda.

CHAPÉU: E então?

BENGALA: Não vai funcionar.

CHAPÉU: Por que uma corda não vai funcionar?

BENGALA: Por uma razão muito simples, uma corda não funciona.

CHAPÉU: Espere um pouco. Com uma corda poderíamos descer.

BENGALA: Acredita mesmo nisso?

CHAPÉU: Eu acredito. Acredito que com uma corda poderíamos descer.

BENGALA: Quem? Você vai descer?

CHAPÉU: Um de nós dois.

BENGALA: Sejamos mais precisos: quem vai descer, você?

CHAPÉU: Sim, eu. Por que não? Eu mesmo posso descer.

BENGALA: Eu não sei se é muito bom descer.

CHAPÉU: Mas eu posso descer, não tenho medo de descer.

BENGALA: Eu não sei se é bom descer. Suponhamos que você desça. O que fará quando chegar lá embaixo? Diga, o que fará?

CHAPÉU: O que quer que eu faça?

BENGALA: Justamente, essa é a questão. Supondo que tenha descido, suponhamos que já esteja lá embaixo.

Agora eu lhe faço uma pergunta. O que faz? Pega nos braços o cachorro?

CHAPÉU: Não sei.

BENGALA: Justamente. Por isso é que eu pergunto se é bom descer. Não sabemos que tipo de cachorro é esse. Compreende? E se ele morde? Se for um cachorro raivoso? Se esse cachorro estiver com raiva e morder você?

CHAPÉU: Pode ser também que não esteja com raiva.

BENGALA: Pode ser. Mas se estiver? O que fará se estiver?

CHAPÉU: Então vamos deixá-lo aí?

BENGALA: Não disse isso.

CHAPÉU: Então o que fazer?

BENGALA: Vamos fazer o que for possível.

CHAPÉU: Então vamos fazer alguma coisa. O que eu vejo é que continuamos aqui, de braços cruzados, sem fazer nada.

BENGALA: Vamos esperar, talvez passe mais alguém por aqui. Se chegar mais alguém, é possível que encontremos uma solução. Compreende? É difícil fazer alguma coisa sozinho, em casos como este não é bom estar sozinho. Além disso, quem foi que disse que ele quer sair, o cachorro? Se ele não quiser...

CHAPÉU: Esta é ótima: um cachorro que não quer que o tirem deste poço.

BENGALA: Nunca se sabe. Mas é uma hipótese... Pode ser que ele não tenha vontade, é isso!

CHAPÉU: Então por que ele late assim?

BENGALA: Late como todos os cachorros. Os cachorros agem assim, eles latem.

CHAPÉU: Pois eu acho que ele não late como os outros cachorros. Há nele uma espécie de tristeza, um sentimento, um não sei quê...

BENGALA: De onde tirou esse sentimento? Não é triste coisa nenhuma. Esse cachorro late como qualquer outro cachorro.

CHAPÉU: Pois eu sinto alguma coisa de dilacerante, de...

BENGALA: E eu acho que não é dilacerante de jeito nenhum.

CHAPÉU: Olhe, vou dizer com todas as letras, era um latido dilacerante, cem por cento dilacerante

BENGALA: Você não tem nenhuma ideia da maneira como os cães latem. Era um latido cem por cento normal, nem mais, nem menos.

CHAPÉU: Deixe de babaquice. Era o latido típico de um cachorro com medo.

BENGALA: Não é babaquice, meu senhor. É assim que latem todos os cachorros e eu não posso fazer nada. Não há nenhum meio de saber se um cachorro que late tem ou não tem medo. Para sabê-lo é preciso ser um cachorro, então sim, um cachorro poderia compreender o que significa o latido de outro cachorro.

CHAPÉU: Desculpe-me, mas não é preciso ser um cachorro para isso. Basta observar com atenção.

BENGALA: Além disso, mesmo se admitirmos que seu latido tem algo de "dilacerante", isso não significa de maneira alguma que ele queira sair de lá. Talvez ele viva lá, talvez seja simplesmente um cachorro que vive no fundo de um poço.

CHAPÉU: No fundo de um poço!

BENGALA: No fundo de um poço. Por que não?

CHAPÉU: Onde já se viu um cachorro que vive no fundo de um poço?

BENGALA: Até hoje ninguém viu, mas agora tem esse aí.

CHAPÉU: Não acredito, acho que estou sonhando... Como alguém pode dizer tanta asneira?

BENGALA: Mas foi você mesmo que disse há pouco que o mundo não parece mais o que era, não? Tudo é possível. Há pássaros que não voam mais. É normal que um pássaro não voe mais? Quem acreditaria, há cem anos, que um dia haveria pássaros que não voam? Pois é, eles existem. Hoje há pássaros que não voam mais, peixes que não sabem mais nadar. O mundo às avessas.

CHAPÉU: Eu nunca ouvi falar de peixes que não sabem mais nadar. Está exagerando.

BENGALA: De jeito algum, mas de jeito e maneira. Garanto. Há peixes nessa situação, que se arrastam no fundo dos oceanos. Vivem numa tão grande escuridão, lá, no fundo da água, que não sabem mais nadar.

Compreende? Se você os tirar de lá e os trouxer para águas claras, perto da superfície, eles morrem. O melhor é deixá-los lá onde estão e não mexer em nada.

CHAPÉU: Concordo, mas os cachorros são diferentes.

BENGALA: Pois eu não entendo por que quebrar a cabeça. Talvez tenha nascido lá, onde é seu lugar.

CHAPÉU: Escute, tenho a impressão de que agora você está delirando.

BENGALA: Delirando nada. Estamos refletindo.

CHAPÉU: Como quer que ele tenha nascido lá embaixo, no fundo do poço? Isso é um delírio.

BENGALA: Tudo é possível. A natureza é pérfida.

CHAPÉU: Mas, meu Deus, o cachorro é um animal doméstico, vive junto do homem.

BENGALA: E daí? Todos os animais vivem junto do homem. O cavalo também vive junto do homem. E os coelhos. Mas chega um tempo em que ninguém mais quer viver junto do homem. Compreende? É a décima hora. Ninguém mais quer viver junto do homem. Compreende, sim ou não?

CHAPÉU: O que eu compreendo é que precisamos fazer alguma coisa. Tínhamos ao menos que dar alguma coisa para ele comer.

BENGALA: Isso sim. Dar alguma coisa para comer é possível.

CHAPÉU: Ao menos um pedaço de pão.

BENGALA: Eu tenho. Eu tenho pão. Nesta manhã também eu lhe trouxe pão. Ao meio-dia também, eu lhe trouxe pão. O pão, isso sim, ele gosta disto, de pão. Se você se debruçar e prestar bem atenção vai ouvir, vai ouvi-lo mastigando.

(*Bengala joga pão no poço. Escutam.*)

CHAPÉU: Está mastigando?

BENGALA: Não parece.

(*Escutam.*)

Estranho. Ao meio-dia ouvi direitinho.

CHAPÉU: Tem certeza de que ouviu ao meio-dia?

BENGALA: Certeza absoluta. Também de manhã eu ouvi.

CHAPÉU: Talvez ele esteja cansado.

(*Escutam.*)

BENGALA: Estranho, ele não comer.

CHAPÉU: Talvez esteja cansado, não tenha mais forças.

BENGALA: Até agora ele sempre comeu. Comia tudo o que jogava.

CHAPÉU: Se está cansado, se não tem mais forças, não adianta comer, isso não o salvará. Você vai ver, ele vai definhar lá, no meio de toda essa comida. Morto de medo. Não serve de nada jogar pão para ele se está se sentindo só, só e abandonado. Quando alguém se sente só e abandonado não tem forças para nada e definha logo, logo.

BENGALA: Mas se alguém joga comida para ele, não pode se sentir só e abandonado.

CHAPÉU: Sabe-se lá quantos já lhe jogaram comida, pobre coitado? Comida demais. Você sufocou-o com tanta comida. Morrerá sufocado por toda essa comida, é assim que morrerá, esse cachorro. Talvez fosse melhor jogar-lhe um pouco de água.

BENGALA: Eu não acho que ele precise de água. É muito pouco provável que tenha necessidade de água dentro de um poço, ora bolas!

CHAPÉU: Pois eu acho que esse poço não tem água. Se tivesse água, ele estaria afogado, o cachorro. Eu acho que esse poço está seco. Quando enfiaram ele aí dentro, eles sabiam, sabiam que não havia uma gota d'água nesse poço.

(*Silêncio. Escutam.*)

BENGALA: Ele não quer mais.

CHAPÉU: É que está morto, com certeza.

BENGALA: Agora ele não quer comer, o canalha, mas ao meio-dia era um verdadeiro prazer ouvi-lo comendo.

CHAPÉU: Quer que eu também tente?

BENGALA: É mesmo uma pena não ouvirmos mais. Quando ele comia fazia um barulho perfeito, de cachorro em plena forma.

CHAPÉU: Talvez não fosse mau eu também tentar. Se sobrou um pouco de pão, eu poderia tentar.

BENGALA: Pra quê? Que ele se foda.

CHAPÉU: Me dá um pedacinho, só um pedacinho...

BENGALA: Ele não merece, o canalha.

CHAPÉU: Por que o insulta? Hein? Por que insulta esse cachorro? O que é que ele fez pra você, esse cachorro?

BENGALA: Pra mim, nada. Mas talvez tenha feito para outros. Vá saber quantos ele já mordeu, o cão. Além disso nem é um cachorro de raça.

CHAPÉU: Ah, é, é um cachorro de raça. Se é branco, é um cachorro de raça.

BENGALA: Por que acha que ele é branco, esse patife?

CHAPÉU: Ele é branco? Sim ou não?

BENGALA: É, é branco, mas quem foi que lhe disse? Quem lhe disse que ele é branco?

CHAPÉU: Foi você, você me disse que é um cachorro branco.

BENGALA: Eu? Quando foi que eu lhe disse que ele é branco, o cachorro?

CHAPÉU: Há pouco. Você me disse que esse cachorro é branco.

BENGALA: Não mesmo. Eu jamais disse isso. Jamais disse isso pra ninguém.

CHAPÉU: Afinal isso não tem nenhuma importância. O importante é que ele é branco.

BENGALA: Importante ou não, eu quero saber como é que você sabe que ele é branco, esse cachorro.

CHAPÉU: Já disse que foi você. Você me falou de um cachorro imenso e branco.

BENGALA: Não, eu disse que ele é imenso, mas jamais disse que ele é branco. E mesmo que fosse branco, isso não quer dizer que não é perigoso. Um cachorro branco também pode ser perigoso. Um verdadeiro animal selvagem.

CHAPÉU: Por que está tão exaltado?

BENGALA: Não estou exaltado coisa nenhuma. Estou refletindo.

CHAPÉU: Mesmo se for um animal selvagem, isso não se faz. Não se deve jogar um animal selvagem num poço.

BENGALA: Não há dúvida, não se faz.

CHAPÉU: Não é mesmo? O melhor que fazemos é procurar uma corda.

BENGALA: É uma ideia fixa, essa corda! Estou com ela até o pescoço, não aguento essa corda. O que vai fazer com uma corda? Ele nem vai conseguir se agarrar na corda, o cachorro. É um cachorro, não é um gato. Cachorro não é gato!

CHAPÉU: O problema não é a corda. O problema é que ele continua lá e não há nada a fazer.

BENGALA: Por que você diz que não há nada a fazer? Demos comida pra ele.

CHAPÉU: Sim, nós demos comida mas ele não comeu nada.

BENGALA: E quanto ao fato de que estamos aqui?

CHAPÉU: E serve para quê, nós estarmos aqui?

BENGALA: Ele sente que estamos aqui.

CHAPÉU: E daí?

BENGALA: É alguma coisa saber que há pessoas que estão ao seu lado, que pensam em você...

CHAPÉU: De onde você tirou que ele sabe que nós somos homens? Talvez imagine que somos cachorros, como ele.

BENGALA: Homens ou cachorros, do seu ponto de vista, isso não tem estritamente nenhuma importância. A única coisa importante é que ele nos sente. Sabe que estamos aqui, ao lado dele, que nós somos solidários.

CHAPÉU: Se ele nos sentisse de fato, teria grunhido.

BENGALA: Ele não pode grunhir o tempo todo. Se está em silêncio, é um bom sinal.

CHAPÉU: Há pouco você disse que é um mau sinal, o silêncio dele.

BENGALA: É verdade. Há pouco era um mau sinal, mas agora é um bom sinal. Quer dizer que ele está mais calmo, mais tranquilo. Coloque-se no lugar dele e imagine que eu estou aqui. Poderá falar comigo sem parar? Acho que nem você, nem qualquer outro, é capaz de falar assim, sem parar, sem conceder para si mesmo alguns momentos de descanso. Ninguém poderia fazer isso.

CHAPÉU: Concordo. Mas até quando poderemos ficar aqui?

BENGALA: Eu não sei de nada. Ficamos o quanto pudermos. Depois vamos embora. Também poderíamos fazer um revezamento... Não? A minha opinião é que isto é o mais importante, sentir que há alguém acima de você... Que há alguém, um dono. Um cachorro precisa de um dono. Já houve casos assim: quando o dono morreu, o cachorro parou de comer e acabou falecendo também.

CHAPÉU: Você acha que isso vai acontecer com ele?

BENGALA: Quem sabe?

CHAPÉU: Tive uma ideia. Poderíamos fazer um anúncio. Fazemos um anúncio para ver se ele não tem um dono. Podemos fazer, ninguém pode nos impedir, não é? A imprensa é livre. É o melhor, fazemos um anúncio...

BENGALA: Não, definitivamente não.

CHAPÉU: Por quê? É o costume. Se ele tem um dono, que ele venha tirá-lo daí, ele é que tem que se virar para tirá-lo daí.

BENGALA: Está de olho na recompensa, não é?

CHAPÉU: Ah, não, de jeito nenhum. Nem pensei que pudesse haver uma recompensa. Somente lembrei que hoje em dia todo mundo coloca anúncios nos jornais, só por botar, por prazer, para que seu nome possa aparecer no jornal...

BENGALA: Acha que sou algum asno? Sei muito bem que a recompensa é o que o atrai. Está escrito no seu rosto, está pensando é na bufunfa. Todo mundo só pensa na bufunfa. Bufunfa e mais-valia, e quando se trata de salvar um cachorro, que se dane, que exploda lá embaixo.

CHAPÉU: Não posso permitir que diga isso. Quero muito salvar o cachorro.

BENGALA: E acha mesmo que os leitores dos jornais virão salvar o cachorro?

CHAPÉU: De qualquer maneira, eles farão alguma coisa.

BENGALA: Eu vou lhe dizer o que eles farão. Eles virão, vão fotografar tudo, filmar e depois adeus, vão juntar tudo e adeus, muito prazer em conhecê-lo. Vão dar o fora. É isso o que vão fazer. É tudo o que sabem fazer, essas nulidades. Quando se trata de jornais e da polícia, melhor deixar pra lá, é o que eu lhe digo. Não temos necessidade deles, nem da imprensa nem dos guardas. Detesto falar com essa gente.

CHAPÉU: Essa é ótima. Como é que você quer encontrar o proprietário desse cachorro ficando de braços cruzados?

BENGALA: De onde é que você tirou que ele tem um proprietário, esse cachorro? Ele disse pra você, o cachorro: Eu tenho um proprietário? Talvez não tenha um proprietário. Deve ser um desses cachorros vagabundos. Está cheio de cachorros vagabundos por aí, não?

CHAPÉU: A menos que ele seja o seu.

BENGALA: Como assim, o meu?

CHAPÉU: O seu cachorro!

BENGALA: Eu o proibido de dizer uma enormidade dessas.

CHAPÉU: Não é uma enormidade, é uma possibilidade...

BENGALA: Eu o proíbo de aventar uma possibilidade absurda dessas...

CHAPÉU: Aventar uma possibilidade é criar hipóteses, refletir...

BENGALA: Eu o proíbo de refletir!

CHAPÉU: Vamos, reconheça que é o seu cachorro e não falemos mais nisso.

BENGALA: Meu Deus, acredita mesmo que eu poderia jogar meu próprio cachorro em um poço?

CHAPÉU: Os homens são capazes de qualquer coisa quando estão irritados. Há alguns que chegam ao assassinato.

BENGALA: Pare, por favor, com suas provocações. Não faço parte dessa categoria e as suas insinuações são claramente ultrajantes. Peço-lhe com todo respeito que pare com essas besteiras e deixe de encher o meu saco com suas teorias delirantes. Eu não sou um homem nervoso. Sou uma criatura calma, calmíssima. Como poderia jogar meu cachorro em um poço? Como pode imaginar uma coisa dessas? Eu amo os cachorros, meu senhor, tive um monte de cachorros, conheço os cachorros. Meu cachorro morreu de velhice já faz dezessete anos e seu nome era Zumbi. Compreende? Zumbi. Vê-se bem que você não sabe de nada, nem quando se trata de homens, nem quando se trata de cachorros.

(*Silêncio. Tensão.*)

CHAPÉU: Me desculpe. Não quis ofendê-lo. Tudo o que eu quero é que não fiquemos de braços cruzados. Ação. Não importa que ação praticar, fazer alguma coisa, empreender, tomar uma iniciativa...

BENGALA: Agora é muito tarde para fazer alguma coisa.

CHAPÉU: Você acha que ele esticou as canelas?

BENGALA: Não sei de nada. Tudo o que sei é que está começando a anoitecer. Já percebeu que daqui a pouco será noite? À noite não se pode fazer nada.

CHAPÉU: Por que diz que está anoitecendo? Eu não tenho essa impressão de maneira alguma.

BENGALA: É evidente. Veja, o sol está se pondo.

CHAPÉU: O sol está se pondo mas a noite só chegará daqui a uma hora ou duas.

BENGALA: Como pode dizer uma coisa dessas? Já nem vemos direito onde pomos os pés. Sem contar que talvez ele já esteja morto.

CHAPÉU: Há pouco você dizia que ele sentia nossa presença.

BENGALA: Àquela hora talvez ainda estivesse vivo. Mas agora, como não o ouvimos comer, talvez já esteja morto. Você o ouviu comer o pão? Não, de jeito nenhum. Ele não grunhe, ele não come, ele não... nada. Quando alguém não come, significa que está morto.

CHAPÉU: Mesmo se estiver morto, temos que fazer alguma coisa.

BENGALA: Essa é ótima. Se estiver morto, está morto e pronto. Quer que eu faça o quê, se ele está morto?

CHAPÉU: Eu não posso continuar assim, de braços cruzados, sem fazer nada.

BENGALA: Não seja idiota. Se está morto, não temos estritamente mais nada a fazer. Há milhares de cachorros nesse estado, cachorros mortos no fundo de inumeráveis poços. Não vamos agora retirar todos os cachorros mortos de todos os poços.

CHAPÉU: Vamos jogar uma última pedra... Só para ver se ainda está vivo.

BENGALA: Todos que passaram por aqui jogaram uma pedra nele, nesse pobre cachorro. Foi o que acabou com ele. Todos jogaram uma pedra para ver se ainda vivia e assim acabaram o matando, foram eles que o mataram, com suas pedras. Agora vamos deixá-lo em paz. Que tenha paz ao menos agora que está morto.

CHAPÉU: Será que você gosta dele, desse cachorro?!

BENGALA: Eu não gosto dele, Deus me livre, estou apenas refletindo.

CHAPÉU: Eu tenho a impressão de que tem ódio dele.

BENGALA: Ódio? Eu?

CHAPÉU: Sim, tem ódio dele. Não compreendo por que, mas é evidente que tem ódio dele.

BENGALA: Por que está querendo que eu tenha ódio dele, desse cachorro? Não tenho nada contra esse cachorro. Absolutamente nada. Eu não dou nenhuma importância a esse cachorro.

CHAPÉU: Então por que ficar rodando em torno desse poço?

BENGALA: Eu? De onde tirou essas asneiras? Como pode pretender que eu fique rodando em torno desse poço?

CHAPÉU: Está rodando em torno dele desde hoje de manhã.

BENGALA: Eu não estou rodando em torno desse poço. Que bobagem! Você me viu rodando? Alguém me viu rodar em torno desse poço?

CHAPÉU: Eu vi. E vi também ao meio-dia.

BENGALA: Onde isso? Aqui? Quando isso? Estava espionando ou o quê?

CHAPÉU: Se ao menos tivesse feito alguma coisa em vez de ficar de braços cruzados. Pois você estava passando por aqui, se tivesse ao menos feito alguma coisa. Por que não fez nada? Já que sabia de manhã, por que não fez nada? Já que sabia de manhã, por que não fez alguma coisa?

BENGALA: Fiz o que estava ao meu alcance. Fazer mais o quê? Fiz tudo o que poderia fazer um homem sozinho. Se ao menos esse poço fosse mais perto da cidade... Nesse caso, sim, teria sido diferente... Talvez pudesse fazer algo melhor. Mas é muito longe... O caminho, ele me cansa enormemente, enormemente... Não pode imaginar quanto isso me faz sofrer. Olha, espia só este pé. Está vendo?

CHAPÉU: O quê?

BENGALA: Olhe bem.

CHAPÉU: Não vejo nada.

BENGALA: Tenho o pé chato.

CHAPÉU: Mentira!

BENGALA: Sim, pé chato. Toque. Aí. Sente? É todo mole. Parece um pudim. Compreende agora?

CHAPÉU: E eu, eu tenho uma hérnia.

BENGALA: Onde?

CHAPÉU: Aqui... Lá dentro... Está tudo espedaçado... É uma coisa que carregamos por dentro... Um pedaço de carne pendurado assim, lá dentro... Faz anos que carrego isso.

BENGALA: Eu também. Veja o meu sovaco. Já viu um quisto como este? Francamente, já viu alguma vez um negócio assim? Cada vez que levanto o braço sinto uma espécie de rompimento, que vai até o ombro.

CHAPÉU: É uma chatice. Eu conheci um cara que tinha uma espinha bem embaixo da pálpebra, assim, e ela não desmanchava. Meses e meses com aquela porcaria, e o olho, todo mundo sabe, é muito delicado, muito sensível...

BENGALA: Os dentes também.

CHAPÉU: Sim, mas os dentes a gente arranca e pronto. Mas um olho não se pode arrancar.

BENGALA: Meu pai tinha um herpes.

CHAPÉU: Herpes tem tratamento.

BENGALA: O herpes? Não ouvi isso! Saiba que o herpes não tem tratamento nenhum. No meu pai, coitado, reaparecia todos os meses... Tinha muitos na boca... assim... Porque, meu senhor, o herpes não tem tratamento... A hérnia, ao contrário, pode ser tratada...

CHAPÉU: O que é que você sabe? Hérnia é uma coisa grave.

BENGALA: Mesmo assim, por mais grave que seja.

CHAPÉU: O que é que está querendo dizer? Hérnia é muito grave.

BENGALA: Mesmo assim não é como o caso dos paralíticos.

CHAPÉU: E daí? Por que é que eu seria afetado por isso, se eles são paralíticos.

BENGALA: Pois há outros que só têm um rim.

CHAPÉU: Não é da minha conta...

BENGALA: Como pode dizer que não é da sua conta? Como pode sentir que não tem nada a ver com isso? Há pessoas que têm lepra.

CHAPÉU: Não estou falando de lepra. Estou falando de hérnia. Você nem mesmo a viu...

BENGALA: A sua hérnia é zero, puro ar...

CHAPÉU: Como assim, puro ar? Então por que é que sofro tanto andando com esta hérnia? Ela me puxa assim, pra baixo...

BENGALA: Ela puxa você, que coisa! Não tem a menor ideia do que significa não ter uma perna para caminhar. Será que pode imaginar o quanto eu devo sofrer para vir até aqui com uma perna só?

CHAPÉU: E por que veio se isso lhe faz tanto mal?

BENGALA: Como assim por que eu vim? Vim porque estou aqui, pronto, é isso mesmo.

CHAPÉU: Se faz tanto mal pra você, não deveria vir. Você diz que não aguenta mais, mas vem mesmo assim. Por quê?

BENGALA: Venho, e por que não viria? Você, por que vem?

CHAPÉU: Eu não venho.

BENGALA: Ora! Ele não vem! Como não vem se já está aqui? A quem está querendo enganar?

(*O cachorro uiva.*)

CHAPÉU: Olha, o pobre cachorro que está morrendo, e está nos xingando.

BENGALA: Não está xingando coisa nenhuma. Responda à minha pergunta.

CHAPÉU: Você não perguntou nada. O que é que me perguntou?

BENGALA: Eu perguntei por que vem. Pois se vem, deve ser por alguma razão: diga-me... por que vem?

CHAPÉU: Você não tem o direito! Com que direito me faz todas essas perguntas? Eu não lhe fiz pergunta alguma.

BENGALA (*mais alto que o cachorro*)**:** Tenho direito de lhe fazer essas perguntas. Tenho direito de lhe fazer todas as perguntas, todas as perguntas que quiser fazer. Sim, tenho direito porque fui eu que descobri esse cachorro, é meu esse cachorro... Eu o descobri há três dias... Dei-lhe de comer... Como soube que eu tinha descoberto um cachorro neste poço? Quem lhe disse?

CHAPÉU: Ninguém me disse nada... Eu não sei de nada... O que isso quer dizer?... Eu passava por aqui... Estava somente passando por aqui...

BENGALA: Não é verdade, você não passou por aqui.

CHAPÉU: Mas é claro. Todo mundo passa por aqui. É caminho para qualquer um. Eu passava. Por puro acaso.

BENGALA: Por acaso, hein?

CHAPÉU: É, por acaso. Digo com toda clareza, eu passava por acaso.

BENGALA: E o pão?

CHAPÉU: Que pão?

BENGALA: Por que trouxe pão?

CHAPÉU: Que pão? Não sei de que pão está falando.

BENGALA: Você tinha pão no bolso. Não vai agora me dizer que não tem nenhum pão no bolso. Isso não pode negar.

CHAPÉU: Este pão é meu.

BENGALA: Concordo, o pão é seu. Justamente, como é que sabia que ele precisava de pão? Quem lhe disse?

CHAPÉU: Ninguém me disse e eu não sabia absolutamente de nada. O pão é meu. Mas eu trago sempre pão comigo, o pão me pertence. E então, o que se pode fazer se eu tenho um pão, meu pão, nunca saio sem trazer um pão no bolso...

BENGALA: Está mentindo! Está mentindo, matador de cachorros, eis o que você é: um matador de cachorros. Mentiroso.

CHAPÉU: Você que é o assassino, um assassino de cachorros, o esquartejador é você.

BENGALA: Você não tem vergonha na cara, invasor de poços, bandido...

CHAPÉU: Você é que é um invasor de poços.

(*O cachorro para com seus uivos.*)

Meu Deus, parece que perdemos a razão...

BENGALA: Eu acho que o melhor é retirá-lo.

CHAPÉU: É pena, pena mesmo, agora é mesmo muito tarde, agora começa mesmo a escurecer...

BENGALA: E, além disso, vai chover...

CHAPÉU: Sim, é possível que chova.

BENGALA: Chove todos os dias, não há um só que não termine em chuva.

CHAPÉU: Não fará mal se chover... Ao menos ele não terá mais sede...

BENGALA: É mesmo... Mas ele vai uivar de novo a noite toda.

CHAPÉU: Isso é verdade, ele vai uivar, mas amanhã...

BENGALA: Amanhã com certeza...

CHAPÉU: Amanhã de manhã...

BENGALA: Amanhã de manhã vamos ver se encontramos uma solução.

CHAPÉU: Alguém vai tirá-lo daí, não há dúvida.

(*Deitados, eles olham para o céu.*)

BENGALA: Como o céu está negro esta noite! Muito negro.

CHAPÉU: Nem tão negro assim.

BENGALA: Mais que ontem.

CHAPÉU: Acha mesmo?

BENGALA: Bem mais negro que ontem.

CHAPÉU: Não preste atenção.

BENGALA: Não consigo. Quando fica assim tão escuro sobre a minha cabeça, há uma espécie de pânico que me toma, e não posso deixar de olhar, o céu, quando fica negro assim.

CHAPÉU: Tente dormir um pouco.

BENGALA: Não vale a pena. Ele me acordará, eu sei, ele me acordará mais uma vez. Basta que sinta que eu cochilei, ele se põe a uivar.

CHAPÉU: É culpa nossa.

BENGALA: Tinha que passar por aqui.

CHAPÉU: Não pense nisso.

(*Silêncio. Aparentemente cochilam.*)

BENGALA (*em voz baixa*): Pssiu! Ei!

CHAPÉU: O que houve?

BENGALA: O silêncio! O silêncio é mais profundo que ontem.

CHAPÉU: Perdão?

BENGALA: O silêncio é mais profundo que ontem. Você percebeu que o silêncio de hoje é bem mais profundo que o de ontem?

CHAPÉU: Cuidado para não despertá-lo. Não creio que haja nenhum interesse em despertá-lo.

BENGALA: Com certeza.

CHAPÉU: Então, cale-se.

BENGALA: Estou calado.

(*Silêncio.*)

Pssiu! Ei!

CHAPÉU: O que é que há?

BENGALA: O que foi que dissemos que vamos fazer amanhã?

CHAPÉU: Amanhã será melhor.

BENGALA: Vamos tirá-lo de lá, não? Vamos retirá-lo do poço, de uma vez por todas, não? Para sempre.

CHAPÉU: Certamente.

BENGALA: Mas como? Como?

CHAPÉU: Nós veremos. O importante é que o tiraremos de lá de uma vez por todas, para sempre.

BENGALA: Vamos engordá-lo com o pão, não?

CHAPÉU: Com certeza.

BENGALA: Faremos que coma em nossa mão, não?

CHAPÉU: Certamente, em sua mão, tanto quanto quiser.

BENGALA: E depois deixaremos que parta, não?

CHAPÉU: Certamente.

BENGALA: Nem guia, nem coleira, nem nada. Será livre, não?

CHAPÉU: Isso é evidente. Poderá correr como lhe agradar, onde quiser, tanto quanto quiser.

BENGALA: Vamos ensiná-lo a pegar, não? Nós vamos jogar um pedaço de pau, e diremos: Pega, e ele o buscará para nós, não?

(*Um pedaço de pão cai de cima.*)

CHAPÉU: Vamos ensinar-lhe muitas coisas.

BENGALA: Melhor.

CHAPÉU: Agora tente dormir.

BENGALA: Vamos levá-lo para a beira d'água, os cachorros gostam de nadar, não é? Ele poderá nadar.

CHAPÉU: Sim, poderá nadar como quiser.

BENGALA: Talvez não consiga boiar.

CHAPÉU: Não pode ser.

(*Silêncio. Outro pedaço de pão cai.*)

BENGALA (*sobressaltado*): Você escutou?

CHAPÉU: O quê?

BENGALA: Alguma coisa acaba de cair.

CHAPÉU: Devem ser os pássaros.

(*Silêncio. Outros pedaços de pão caem.*)

BENGALA: Caiu bem no meu rosto.

CHAPÉU: O quê?

BENGALA: Pão.

CHAPÉU: Está sonhando.

BENGALA: Pão branco. Pão. Meu Deus, está caindo pão branco.

CHAPÉU: Não é verdade!

BENGALA: É, sim; é, sim! Tome, experimente. É miolo de pão. Está quente ainda.

CHAPÉU: Não é possível.

BENGALA: Sim, é possível. Está chovendo pão. A não ser que tenha perdido a razão. É pão, sim ou não?

CHAPÉU: Eu não sei...

BENGALA: Sim, é pão, pão, não poderia ser mais pão do que isto. Meu Deus, o que é que isso quer dizer?

CHAPÉU: Isso não quer dizer nada... Há alguém jogando pedaços de pão para nós.

(*Chuva de pão.*)

Fim

O Último GODOT

Peça em um ato

GODOT

SAMUEL BECKETT

AS PERSONAGENS

Na frente de um teatro fechado.

Rua em declive, com pouquíssimo movimento, ao crepúsculo. Godot, um homem magricela mas decentemente vestido, está sentado à beira da calçada, com os pés na sarjeta. Fuma, com ar triste, sem pensar. Próxima a ele, uma lata de lixo emborcada.

De algum lugar, invisível para a plateia, vem o som de uma porta se abrindo, ouve-se uma balbúrdia surda e um segundo homem magricela (mas decentemente vestido) é jogado sobre a calçada. Como veremos adiante, este segundo homem é Samuel Beckett em pessoa.
A personagem quase despenca sobre Godot.

BECKETT: Desculpe.

GODOT: Não foi nada.

BECKETT (*espanando a roupa*): Eu não queria machucar você.

GODOT: Ah, tudo bem!

BECKETT (*ajeitando o chapéu*): Canalhas. Canalhas por todo lado.

GODOT: É a regra. (*Olhando-o com mais atenção.*) Ei, olha aí, a manga descosturou!

BECKETT (*levantando o braço esquerdo e tocando a axila*)**:** Eu já tinha percebido.

GODOT: Eles bateram em você?

BECKETT: Não. Na verdade eles me sujaram.

GODOT (*oferecendo-lhe uma bagana*)**:** Quer uma tragada?

BECKETT: Obrigado.

GODOT: Sente-se. Por que não senta? (*Beckett senta-se na calçada, os pés na sarjeta.*) Tenho a impressão de que eles jogaram você pra fora. Hein, eles jogaram você pra fora?

BECKETT (*ligeiramente irritado*)**:** E você por acaso viu eles me jogarem pra fora?

GODOT (*triste*)**:** Na verdade, eles me jogaram pra fora também.

BECKETT: De onde?

GODOT: Do teatro.

BECKETT: Quando?

GODOT: Há pouco.

BECKETT: Você tinha ingresso?

GODOT: Tinha.

BECKETT: E então?

GODOT: Não quiseram representar para um único espectador.

BECKETT: Devia ter insistido. Se você tinha um ingresso, devia ter brigado. Eles não tinham o direito de não representar! É o que eu penso: tinham que representar. Mesmo que só pra você. Devia ter brigado.

GODOT: Brigar com quem? Com essa gente...

BECKETT: Não devia ter permitido. Você não tinha que ter permitido. Eles são obrigados a representar. Mesmo se houver só cinco pessoas na plateia. Não interessa. São atores. É o ofício deles.

GODOT: Talvez eles também estejam de saco cheio. Anteontem tinha exatamente cinco pessoas, como você disse. E eles representaram. Percebe? Talvez eles também estejam cansados... Todo mundo está cansado. (*Pausa. Retoma a bagana e puxa uma baforada.*) Ontem tinha só dois.

BECKETT: Como sabe que tinha só dois?

GODOT: Eu era um dos dois. (*Puxa mais uma baforada.*) Vou mostrar uma coisa... Sabe atirar a bagana com dois dedos? Veja... Pegue assim... Com esse dedo aqui... Dê-lhe um piparote, e então ela sai voando... (*Joga a bagana na outra calçada.*) Viu? Consegue fazer isso?

BECKETT: Você não tinha mais nada pra fazer?

GODOT: Fazer o quê?

BECKETT: Isto: vir ontem e hoje!

GODOT: Ah, mas eu venho sempre. Venho todas as noites.

BECKETT: Bem que eu achei que já tinha visto a sua fuça.

GODOT: Eu também já tinha visto a sua fuça. Não era você o cara no fundo da plateia? Quer dizer, ontem à noite, era você o segundo?

BECKETT: Sim, era eu. Está certo, era eu mesmo.

GODOT: Eu tinha sacado que era você. Quando vi você, saquei. E você fazia o que ali?

BECKETT: Fui eu que a escrevi.

GODOT: O quê?

BECKETT: Essa peça. Fui eu que escrevi.

GODOT: Mentira! Foi você que escreveu?

BECKETT: Eu.

GODOT: Quer dizer que é você o autor?

BECKETT: Sou. Sou eu.

GODOT: Formidável! Então você existe.

BECKETT: É claro que eu existo. Quem botou na sua cabeça que eu não existia?

GODOT: Na verdade, eu já tinha entendido há muito tempo que você existia. Foi há poucos anos que me perguntei se você existia mesmo. Dizia pra mim mesmo: ele existe ou não existe? Em alguns dias eu achava que você não poderia existir. Está entendendo? Há dias assim. Há dias e dias, percebe? Todo tipo de dias. Mas você não pode sacar. Com essa cachola vazia...

BECKETT: Vou te dar uma...

GODOT: Ah, quer me bater? Bate! Vai, bate! (*Pausa. Olha-o, furioso.*) Se você quer saber, já me bateu demais! Tem é que parar de me bater. Já me bateu demais até agora.

BECKETT: Não foi culpa minha. Machuquei você porque eles me empurraram.

GODOT: Ah! Não saca coisa alguma. (*Fixando-o.*) Não estou falando de hoje. Falo em geral. Há anos você me faz de besta.

BECKETT: Eu faço você de besta?

GODOT: É, você! Todos os dias, cada segundo, há anos. Você me esfolou vivo, me esmagou, me destruiu. Fez de mim um fantasma, uma fantoche, humilhou-me. Isto então é uma personagem, isto aqui? (*Põe-se de pé, ameaçador.*) Infeliz! Agora vai pagar por tudo, tudo, tudo! (*Enfático.*) Eu sou Godot!

BECKETT: O que foi que disse?

GODOT: Eu sou Godot! Isso não lhe diz nada? Está entendendo bem? Chegou sua hora. Pelo menos tem que entender, sentir que chegou sua hora!

BECKETT: Está louco. Não foi à toa que jogaram você pra fora.

GODOT: Eu, louco? Eu? Você é o louco! Não me chame de louco. Não sou louco. Quem escreve é que é o louco. Isso lá é jeito de escrever? Por que não olha um pouco em volta, pra ver como se deve escrever? Onde é que já se viu uma personagem que não aparece? Onde? (*Pausa. Ele espera uma resposta.*) Judas!

(*Senta-se novamente*)

BECKETT: Não admito que me chame de Judas! Não tem direito de me pedir satisfações.

GODOT: Eu? Não tenho direito de pedir satisfações? Ei, espera um pouco. Sou o único que tem direito de pedir satisfações. Quem você acha que é? Veja só Shakespeare! Todas as personagens aparecem! Até o fantasma! Tudo o que está escrito no papel entra em cena. E você? Pensa que foi fácil todo esse tempo pra mim? No fundo, quem sou eu? Como é possível que brinque assim comigo? (*Pouco a pouco, começa a choramingar.*) Um minuto só me bastaria... Mesmo um único segundo... Por exemplo, eu poderia dizer NÃO... Eu poderia simplesmente aparecer, bem no final, ir até a boca de cena, e dizer NÃO... O que poderia acontecer se eu dissesse NÃO? Digo que não aconteceria nada... Não é que não aconteceria nada?

BECKETT: Não.

GODOT: Estou de saco cheio, pura e simplesmente, de saco cheio! Como é possível boiar assim infinitamente? Ser e não ser, ao mesmo tempo? É isso o que quero perguntar a você, entende? Como é possível ser e não ser?

BECKETT: Eu não sei.

GODOT: Mas tem que saber. Quem pode saber, se você não sabe? Alguém tem que saber. Quem pode saber, se você não sabe?

BECKETT: Eu não sei. Me veio assim, espontaneamente.

GODOT: Talvez tenha sido um momento de destempero... Um mau dia. Pode acontecer com todo mundo, né? Uma fatalidade... Mas as coisas podem se arranjar... Como eu já disse, não preciso mais do que um minuto, mais do que uma única palavra, para ser eu mesmo... (*Tira um maço de folhas de papel do paletó.*) Olhe... Aqui... Não tenho absolutamente nenhuma pretensão... Me enfie num lugar qualquer... Não importa onde... Abra um parêntese... Faça alguma coisa…

BECKETT (*folheia as páginas, entediado, depois as lança fora*)**:** Inútil. O teatro está fechado.

GODOT (*recolhe as folhas na rua*)**:** Não é possível, não é possível... Não pode acabar assim...

BECKETT: A peça não vai mais ser encenada.

GODOT (*interrompendo o gesto no ar*)**:** Como assim não vai mais ser encenada?

BECKETT: Não viu como eles me jogaram pra fora? Não vai ser mais encenada. Nada mais vai ser encenado, em lugar nenhum.

GODOT: Mas é terrível, terrível...

BECKETT: Mas é isso. (*Pausa.*) Tem um cigarro?

GODOT: Ainda pode achar algumas baganas na lixeira.

BECKETT: Merda! Não vou fumar lixo de jeito nenhum.

GODOT: Por quê? É a lixeira do teatro. (*Ergue a lata de lixo e despeja seu conteúdo.*) Pronto... escolha...

BECKETT: Não posso. Tenho nojo.

GODOT (*remexendo com o pé os objetos espalhados*): No fundo, talvez você tenha razão... (*Preocupado com o lixo do teatro.*) A lona já não se aguenta em pé... Não é mais como era... Basta olhar pra esta lixeira pra ver que o teatro está fodido...

BECKETT: O que é isso aí?

GODOT: Uma máscara... Não é mais usada... (*Acende uma bagana.*) Ah, que tempos... Que mundo... Hoje em dia, quem é que ainda sabe usar uma máscara! (*Puxa uma baforada. Senta-se ao lado de Beckett e estende-lhe a bagana. Cochichando.*) Tenho a impressão de que alguém está nos escutando.

BECKETT (*pega a bagana, dá uma tragada, olha em torno*): Onde?

GODOT (*cochichando*): Lá... Atrás de nós. Um sujeito. Parou ali faz uns cinco minutos e está nos escutando.

BECKETT (*dá uma tragada, passa-lhe a bagana*): Deixe estar!

GODOT: Se quiser, eu mando ele passear.

BECKETT: Não vale a pena.

GODOT: Enfio-lhe a mão na cara. Uma... duas! Quer?

BECKETT: Fique tranquilo.

GODOT: Quero fazer alguma coisa por você. Não posso vê-lo assim acabado. Dou só uma porrada nele, pra aliviar a tensão.

BECKETT: Por que bater nele? É um homem. Não vê como as ruas estão desertas? É até espantoso que ainda haja alguém por aí.

GODOT: Eu também já notei que a coisa não vai bem.

BECKETT: Quando vinha pra cá atravessei o parque. Quantos você acha que passeavam nele?

GODOT: Quantos?

BECKETT: Três.

GODOT (*triste, fumando*)**:** Eu ia dizer três, mas não disse.

BECKETT: Há duas horas fui beber uma cerveja no terraço. Quantos você acha que estavam lá?

GODOT: Quantos?

BECKETT: Três.

GODOT: Que se fodam. Eu ia dizer três e não sei por que não disse.

BECKETT: Tente entrar num ônibus. Ficará louco varrido. Vim pra cá de ônibus. Quantas pessoas você acha que estavam no ônibus?

GODOT (*triunfante*)**:** Três!

BECKETT: Só eu e o motorista!

GODOT: Está muito claro. Tudo está degringolando.

BECKETT: O motorista era surdo. Quando perguntei-lhe onde deveria descer, encolheu os ombros.

GODOT: Animais. Não é mais um mundo em que se possa sair de casa. A melhor coisa é ficar trancado e pensar.

BECKETT: Olhe o outro lado da rua. Todas as janelas estão fechadas, todas as cortinas cerradas.

GODOT: Vem chegando alguém.

BECKETT: Quem?

GODOT (*sussurrando*): Um sujeito. Parou atrás de nós e está nos escutando.

BECKETT: Foda-se.

GODOT: Que bom ver você revigorado. Se quiser, vou lá e...

BECKETT: Não, não... Em vez disso acenda uma bagana.

GODOT: A coisa de que mais tenho medo... de que tenho muito medo... (*Procurando nos bolsos.*) Sabe... é que amanhã eu não saiba mais pra onde ir.

BECKETT: Como assim?

GODOT (*encontra uma bagana um pouco maior*): Falo do teatro. Aposto que vão fechar este também.

BECKETT: Vão transformá-lo em um entreposto de barris de chucrute.

GODOT: Já tem cheiro de repolho fermentado.

BECKETT: Não é repolho fermentado. Vem do esgoto. (*Inclina-se e encosta o ouvido na calçada.*) Alguma coisa está se movendo aqui embaixo. Está ouvindo alguma coisa se mover aqui embaixo?

GODOT: A mim me parece imóvel. (*Escuta.*) Você acha que está se movendo?

BECKETT: Está sim, mas muito lentamente.

GODOT: Às vezes, quando me levanto de manhã, tenho a impressão de que alguma coisa sai da minha cabeça e se espatifa no chão. Você acha que é possível?

BECKETT: Alguns anos atrás eu quase esmaguei uma pessoa com o meu carro. Depois que consegui frear, senti a mesma coisa.

GODOT: O que pode ser isso?

BECKETT: Não sei. Talvez não seja nada.

GODOT: Meu velho, vou lhe dizer uma coisa... Simpatizo cada vez mais com você.

BECKETT: Eu também quero lhe dizer uma coisa... Lamento tudo que aconteceu... Se quiser, você pode entrar no final, como queria.

GODOT: E pra quê? O teatro está morto.

BECKETT: Morto ou não, quero que entre no final. Dê-me os papéis.

GODOT: Bobagem! O importante é estar vivo.

BECKETT: Não, não... Quero acrescentar alguma coisa... (*Procura por entre as folhas.*) Onde está o final?

GODOT: Meu velho, eles não merecem final algum. Sugiro outra coisa... Tenho uma garrafa.

BECKETT: Também veio da lixeira?

(*Durante todo esse tempo, passantes aproximaram-se e pararam para escutá-los. Até o final, eles formarão um semicírculo em torno dos dois.*)

GODOT: Isso não tem importância. O importante é que está aqui. É minha. (*Tira a garrafa do paletó.*) A que vamos beber?

BECKETT: Vamos só beber, nada mais. Beber pura e simplesmente.

GODOT: Não, é ruim beber pura e simplesmente. Neste mundo é ruim beber sem motivo nenhum. Você desperdiça a bebida se bebe sem motivo (*Levanta a garrafa.*) Ao teatro! Que acaba de morrer.

BECKETT: Para o diabo o teatro... (*Pega a garrafa e bebe.*) Quanto eu o amei...

GODOT: Porcarias... crápulas... Matar a arte... (*Bebe. Com entusiasmo, atordoado.*) Posso abraçá-lo?

BECKETT (*comovido*)**:** Agora, nesses últimos anos, peguei o costume de me enfiar na plateia, ficar lá no fundo, no escuro... Ficava espiando... Oh, eu amei uma quimera...

(*Abraçam-se.*)

GODOT (*põe a cabeça no ombro de Beckett*)**:** O que se pode fazer agora? Está tudo afundando... A calçada... Vamos todos morrer como ratos.

BECKETT: Para com isso, ninguém vai morrer.

GODOT (*choramingando*)**:** Eu não poderia viver sem o teatro... Não duraria muito... Toda noite, eu estava na plateia, estava entre as pessoas, vivia... Sofria como um animal, mas vivia... Vivia em tudo, em cada palavra... Como eles podem fechar tudo? Como podem jogar as pessoas pra fora? O que será de mim agora?

BECKETT (*olhando embaraçado em volta de si, cochichando*)**:** Cale a boca, não vê que está todo mundo rindo?

GODOT: O quê? O quê?

BECKETT (*cochichando*)**:** Não vê? Que vão se foder. Está vendo quantos eles são?

GODOT (*cochichando*)**:** De onde saíram? O que é que eles querem?

BECKETT: Não tenho a mínima ideia. O que importa é que eles estão aí.

GODOT: Se quiser eu vou lá e...

BECKETT: Não... Não... Vamos conversar... Vamos falar mais... Vamos continuar assim.

GODOT (*espantado, agitado*)**:** Não sei de onde eles saíram. A rua estava deserta. Estava deserta há pouco. Como podem se reunir tantos em uma rua deserta?

BECKETT: Eles podem. Tudo é possível. Há dias em que é possível.

GODOT: Veja. Começaram a sentar-se. Acho melhor cair fora.

BECKETT: Por que cair fora? Vamos continuar falando.

GODOT: Vai ser tarde demais. Eles vão nos sufocar.

BECKETT: Não vão, não vão... Vamos continuar falando...

GODOT: Falar de quê? Falar por quê?

BECKETT: Vamos falar. A coisa mais importante é falar. Vamos falar de tudo.

GODOT (*olhando assustado, em torno deles, a multidão sentada na rua*): Meu Deus, o que é que eu vou dizer?

BECKETT: Pergunte-me se eles me bateram... Enquanto isso eu tiro o meu sapato e olho pra ele. Depois, você me pergunta o que estou fazendo.

(*Beckett tira o sapato.*)

GODOT (*com uma voz decidida*): O que é que você está fazendo?

BECKETT: Estou tirando o sapato. Isso nunca lhe aconteceu?

Fim

A ARANHA
na Chaga
Peça em um ato

BEGAR

HUMIL

O HOMEM FERIDO NO COSTADO

AS PERSONAGENS

No topo de uma colina, três crucificados. Cerca de meia hora antes do pôr do sol. As três cruzes estão dispostas em U, com a abertura voltada para o público. No centro está pregado O Homem Ferido no Costado. À esquerda, Begar, e à direita, Humil.

Os crucificados não têm muito tempo de vida. O Homem Ferido no Costado parece estar no estado mais lamentável. Os três corpos seminus estão cobertos de sangue, de lama, de suor.

As personagens falarão com muita dificuldade, as bocas sempre ávidas de ar, sempre ofegantes. Cada palavra custa-lhes suor e sangue.

Em uma fossa situada em algum lugar no primeiro plano, dois soldados, dos quais só vemos os capacetes, jogam dados. Ouve-se todo o tempo o ruído dos dados agitados em um copo e em seguida o ruído dos dados rolando sobre uma placa de pedra. Duas lanças com insígnias romanas estão apoiadas sobre a borda da fossa.

HUMIL (*com grande esforço, quase ao ponto de asfixiar-se*)**:** Begar... (*Quase mugindo.*) Begar...

BEGAR (*abre as pálpebras com muita dificuldade; seu olhar erra um bom tempo antes de descobrir quem lhe fala*): Quê?

HUMIL: Estou vendo... Estou vendo alguma coisa...

BEGAR (*respirando mal, ávido de ar*): Hein?

HUMIL (*indicando com a cabeça*): Estou vendo uma... uma... lá... estou vendo...

BEGAR (*sem poder fixar o ponto indicado*): Está vendo o quê?... Onde?

HUMIL: Lá... embaixo...

BEGAR: Lá onde?

HUMIL: Lá... lá... embaixo... alguma coisa... alguma coisa escura...

BEGAR (*impotente e aborrecido*): Merda!

HUMIL: Eu juro. Estou vendo... Ela está lá... Deve ser... Deve ser uma barata...

BEGAR (*tenta concentrar toda a sua força em olhar*): Onde, diabo?

HUMIL: É uma barata, sim... uma barata ou... uma aranha... Está vendo? É uma barata ou uma aranha? O que é?

BEGAR (*gargalha, decepcionado*): Ah, que se foda...

HUMIL (*põe-se a fazer movimentos circulares com a cabeça, como se estivesse debatendo-se em um pesadelo*):

Isto me dá medo... Isto me dá vontade de vomitar... Está ouvindo? Esses animais... Isto me revira o estômago... (*Quase chorando.*) Ah, não suporto uma sacanagem como essa...

BEGAR: Para de choramingar, chega... Deixa estar... Não vai durar muito tempo...

HUMIL (*agitado*): Vai, vai durar... vais ver... como é longo... é sempre assim...

BEGAR: Não... Não vai durar muito tempo...

(*Pausa.*)

HUMIL (*desesperado*): Begar!... Begar!...

BEGAR (*em voz baixa*): Que goela!... Mas o que é que tu tens? Não te esgoela assim!

HUMIL: Quem é a besta que... o bestalhão que... quem é essa porra de bestalhão que tem uma porra de uma cruz sobre... nas costas... hein? Tem um bestalhão que tem uma porra de cruz nas costas...

BEGAR (*tentando acalmar Humil*): Cala a boca... Quer que eles nos ouçam? Eles não gostam de ouvir lamentações...

HUMIL: É quem esta besta, hein?... A besta que tem uma cruz nas costas? É a aranha?... Ou é a barata?...

BEGAR (*ofuscado pela pergunta*): O quê? Que cruz? Tá maluco...

HUMIL (*para O Homem Ferido no Costado*): Escuta, meu chapa... Ei, tu, cara de carniça... Já estás morto... Ei, tu, o morto... Tu que te conheces... tu que sabes tudo... Diz, meu chapa, quem tem uma cruz nas costas?

BEGAR (*ofegando depois de cada palavra*)**:** Deixa ele... Deixa ele... Não está vendo que perdeu todo o sangue? Deixa ele em paz.

HUMIL: Por quê?... Não quero deixar ele em paz... Ele que... dizia que era imortal... dizia que era rei... ou filho de rei... ou filho de não sei o quê...

BEGAR: Deixa ele em paz, ele estourou... Ele é um morto, agora, ele é o rei dos mortos... Chega...

HUMIL (*para O Homem Ferido no Costado*)**:** Ei!... Tu que tá morto... Tu tá morto? Fala pra ele, se tu tá morto... Parece um fariseu... Parece uma enorme goela... Mas abre tua grande goela e... se tu ainda tá... (*A Begar.*) Tu viu isso? (*Decepcionado, sobretudo por si mesmo.*) Não é justo. A sorte está sempre com ele... Ele empacotou primeiro.

O HOMEM FERIDO NO COSTADO (*sem abrir os olhos*)**:** Não estou morto...

HUMIL: Quêêêê?... Tu disse alguma coisa? (*A Begar.*) Ele disse alguma coisa? O que ele disse?

BEGAR: Ele não disse nada.

HUMIL: Como assim não disse nada?... Eu ouvi ele dizer alguma coisa... Não foi nada, ele falou... (*Para O Homem Ferido no Costado.*) Tu disse o quê? Diz o que tu disse se tu disse...

O HOMEM FERIDO NO COSTADO: Eu não estou... (*Ele arqueja e parece a ponto de entregar a alma.*) Não estou morto... Estou... Estou vivo...

HUMIL (*gritando*): Ouviu isso, Begar?

BEGAR (*indiferente*): Ouvi...

HUMIL: Essa é boa... essa é ótima... ele acha que está vivo...

BEGAR: Ah, é? Ele acha que está vivo?

HUMIL (*para O Homem Ferido no Costado*): Por que... por que tu não morre? Se tu foi mesmo tocado pela tal da graça... pelo espírito do Onipotente... Se tu és... o que mesmo? Se tu és o Cristo... Por que tu não morre se tu és o tal Cristo e rei dos tais dos pobres e blá-blá--blás? Por que tu não morre de uma vez por todas... para fugir?

O HOMEM FERIDO NO COSTADO: Não posso fugir...

BEGAR (*ri com muita dificuldade; sente em cada gargalhada uma dor no interior de sua carne*): He... He he... Essa agora... Essa me faz mesmo rir... Ah, tu é engraçado, tu...

HUMIL (*ri também, com crueldade*): He he... Seu mentiroso... Seu pobre charlatão... Seu farsante...

BEGAR (*mascando a própria saliva, com desprezo*): Tu e teu palavrório... Tu não passa de um miserável falastrão, meu velho... Nada mais que um mercador de palavras... Palavras ocas, é isso... agora, tu és forte, tu...

O HOMEM FERIDO NO COSTADO (*abre os olhos límpidos*): Não... não... não são apenas palavras...

BEGAR (*mais para si mesmo*): Não são apenas palavras, tu diz?... Mentiroso... Contador de histórias que tu és... Tu e tuas histórias para dormir em pé... tuas histórias tenebrosas tecidas em fio branco... (*Cada vez mais cruelmente.*) Caralho, o que é que está fedendo, seu infeliz... Pobre carniça... Teu costado fede... Empesteaste todo o ar e é por isso que...

(*Asfixia-se e tosse violentamente.*

Pausa. Um dos soldados lança um grito de alegria e começa a rir. Um riso enorme sobe da fossa.)

HUMIL (*sobressalta-se e tenta baixar a cabeça o máximo possível a fim de olhar para dentro da fossa*): A jogada foi do gordo?... Hein? Quantos pontos ele fez? Quantos ele fez?... Begar, veja...

BEGAR: Não estou vendo... Não estou vendo... Acho que não vejo mais nada...

HUMIL: Mas veja, quantos ele fez?... Quantos, seis? (*Esforça-se para observar o que se passa na fossa.*) Ele tá jogando com dados viciados, aquele ali, sei muito bem, eu sei... O gordo tem dados viciados...

BEGAR: Não vejo mais... (*Ofega. Muge, tomado mais por uma dor moral.*) Não vejo mais, Humil... Humil, olhe pra mim! Meu olho está saindo da órbita?

HUMIL (*louco de curiosidade*): O quê?... Como é?... Seis vezes seis? Se é seis vezes seis é porque os dados tão viciados. Isso não existe, seis vezes seis...

O HOMEM FERIDO NO COSTADO: Existe sim.

HUMIL: É isso? Seis vezes seis? Ele fez seis vezes seis?

O HOMEM FERIDO NO COSTADO: Não... Cinco vezes...

HUMIL: Cinco vezes seis?... Merda, então!... Cinco vezes seis... já é muito... já é demais mesmo... Ele vai embolsar toda a grana, o gordo... Olha... (*Fatigado, esgotado.*) Eu não quero que o gordo ganhe... (*Fica algum tempo com a cabeça pendida sobre o peito; em seguida, como que sonhando.*) Quero que o magro ganhe... (*Longa pausa. Os três parecem ter perdido definitivamente a voz. Mais tarde, com uma voz fraca.*) Eu não gosto do gordo... Fico do lado do magro... E quero que ele...

BEGAR (*bruscamente se põe a gemer e a uivar de dor*): Ai!... Ai!

HUMIL (*como num sonho*): O quê?... O que é que tu quer... hein? Tá com medo? Tá chegando a hora? Tá com medo de morrer, seu assassino... Aí tu vai ver como é... É como quando tu mataste teu pai... Matador de... pai...

O HOMEM FERIDO NO COSTADO (*igualmente, em transe*): Matador de... qual pai?

BEGAR: Não sinto mais meus dedos... não sinto mais minha perna... (*Choraminga como um bebê.*) Não sinto mais meus joelhos... Minha barriga está formigando... E não sinto mais os cravos...

HUMIL (*para O Homem Ferido no Costado*): É, ele matou o próprio pai, esse aí... (*Animado por um pensamento.*)

Ei, meu chapa, tá me escutando?... É grave?... É grave, não é?... Quando um filho mata seu pai... ou quando o pai mata seu filho... é um grande pecado, não é? (*Cochichando.*) Escuta, meu chapa... Escuta bem, tu, o Cristo... Eu... eu, eu quero crer... Sacou? Juro! Juro que eu quero crer... Ei, Cristo, está ouvindo?... Desde sempre que eu quero crer... Me faz crer, meu chapa... Me faz crer, tu podes? Tá me ouvindo? (*Berrando.*) Tá me ouvindo? (*Em voz baixa, com um ar de conspirador.*) Tá ouvindo? Ei, tu, homem, tá me ouvindo?

O HOMEM FERIDO NO COSTADO: Estou ouvindo.

HUMIL: Me faz crer e eu vou crer... Quero ser teu servo, quero ser teu apóstolo... Vou te lavar os pés, eu... Eu quero crer, eu quero... Me dá uma prova e eu vou crer, me dá... (*Revelação pérfida.*) Escuta, desprega-nos e eu vou crer! Se tens a graça e se... Se tu és verdadeiramente o filho de Deus... como tu dizia... desprega-nos! E que esses todos vão embora! Faz com que a gente possa descer daqui e nós vamos espalhar tua crença por toda a terra, por ti... Vamos, vamos embora daqui... Me dá essa prova, tu podes? Tu, o Cristo, tu podes? Nós vamos embora com a prova, tu podes? Tu podes, homem, podes?

O HOMEM FERIDO NO COSTADO: Não posso.

BEGAR (*explode de rir; no início é um riso amargo, mas logo o riso torna-se maldoso*): Humil, Humil... seu ladrão!

HUMIL (*coçando o peito com o queixo*): Quê? Tá rindo do quê?

BEGAR: Humil, Humil... seu charlatão! Queres salvar tua alma, hein?

HUMIL (*para O Homem Ferido no Costado*): Tu podes? Por que tu não podes? Se tu és rei e o Cristo, por que não podes? Como é possível que tu não possa?

O HOMEM FERIDO NO COSTADO: Não posso.

BEGAR: Humil, Humil... seu escroto... Essa é demais, hein? Está o tempo todo querendo enrolar alguém... He he... Está querendo negociar a alma...

HUMIL (*aborrecido*): Não disse nada de mal... Eu disse que quero crer, foi isso que eu disse... Foi tudo o que eu disse... E é verdade...

BEGAR: Humil, Humil... seu canalha... Como quer que um celerado como tu vire... apóstolo?

HUMIL (*perdido em seu delírio*): Não disse nada de mal... Eu disse o que eu disse... E então? Eu disse... Eu quero que ele nos dê a prova... Se ele der a prova... Que a gente tenha uma prova... ao menos uma... Se nossa prova é para ele...

BEGAR (*para O Homem Ferido no Costado*): Não leva ele a sério... Mesmo no momento da sua morte... é ainda como um canalha que ele... continua o mesmo canalha... (*A Humil.*) Com o Cristo tu não pode... não pode ir com tramoias... (*Engole constantemente a saliva para poder falar.*) Ei, tu, homem... Mas se tu és verdadeiramente o Cristo... sabe o quê? Escapa tu, pelo menos... e nós vamos crer em ti... Nós vamos morrer tendo a prova... como... como crentes... Tá ouvindo, homem... Rei... Escapa, te manda... Pisoteia o gordo e o magro... e te manda! E nós vamos crer... vamos crer... E assim teremos a prova de que a morte não existe... Não haverá mais morte... Se tu... Se fizer isso por nós...

a morte... será apenas a outra porta da vida... Podes? Homem, tu podes?

O HOMEM FERIDO NO COSTADO: Não posso.

BEGAR (*desesperado*): Não podes?

O HOMEM FERIDO NO COSTADO: Não posso.

HUMIL (*também desesperado*): Begar!... Begar!

BEGAR (*para O Homem Ferido no Costado*): Por que não pode? Por quê?

HUMIL (*gemente*): Begar... veja... a aranha... a barata...

BEGAR (*sussurrando entre os dentes, para O Homem Ferido no Costado*): Por que tu não pode, canalha, por quê?

HUMIL (*debatendo-se desesperadamente na cruz*): Está subindo! Está subindo em nós!

BEGAR: Humil, seu imbecil, está se movimentando muito... fica direito nessa porra dessa cruz!

HUMIL: Não quero... Ela vai subir em mim... Ela vai subir...

BEGAR: Tu tá que é um monte de farrapo de carne caindo pedaço por pedaço, Humil... Não te agita!

HUMIL: Ela está ali embaixo...

BEGAR: Quem está?

HUMIL: A aranha...

BEGAR: Onde?

HUMIL (*indica com a cabeça*)**:** Ali... Está vindo bem pra mim... Ela vai subir na minha perna... Ela vai trepar na minha barriga...

BEGAR: Não é nada, Humil... Está delirando... Já está ficando entorpecido e não passa de imaginação...

HUMIL: Não, olha, ela está começando a subir na cruz... Estou sentindo como ela começa a escalar essa porra desse pedaço de pau...

BEGAR: Não está mais subindo... Ela parou...

HUMIL: Não acredito que ela parou... Não acredito! Não acredito que ela parou! (*Perturbado com essa ideia.*) Não posso acreditar... que ela parou...

BEGAR: Ela parou. Juro que ela parou.

HUMIL (*debatendo-se penosamente*)**:** Ela não parou... Não acredito que ela parou... Ela não para nunca... Ela vai trepar na minha barriga... e no meu pescoço... Não acredito...

O HOMEM FERIDO NO COSTADO: Ela parou.

HUMIL (*subitamente calmo*)**:** Ela parou?

O HOMEM FERIDO NO COSTADO: Ela parou.

HUMIL: Boa mãe... boa mãe... eu te agradeço, boa mãe... (*Respira com dificuldade, o suor escorre de seu pescoço; coça-se cada vez mais com o queixo.*) Meu Deus, meu Deus... eu te agradeço, meu Deus, o Cristo... seria ótimo se tu fosse...

BEGAR: Cala a boca, Humil... O melhor que faz é descansar... descansa pra morrer descansado...

HUMIL: Não quero morrer descansado... (*Para O Homem Ferido no Costado.*) Não quero morrer descansado... Está ouvindo? Abre os olhos se está me ouvindo... Por que tu não responde mais? Ei, o homem...

BEGAR: Deixa ele tranquilo... Não vês que ele perdeu todo o sangue?

HUMIL: Ele ainda está... Vê aquela gota caindo do seu costado... e sua pele que estremece no seu costado... Se a pele está estremecendo, quer dizer que ele está vivo... (*Para O Homem Ferido no Costado.*) Ei, tu, Cristo... Faz alguma coisa para que eu saiba... para que eu saiba que está me ouvindo... Abre um olho pelo menos uma vez... Uma vez, só uma... Está me ouvindo ou não está?

BEGAR: Diz pra ele cuspir. Se está vivo, que vejamos ele cuspir.

HUMIL (*um pouco persuasivo, lisonjeiro*): Ei, Cristo... Sabe o que eu pensei?... Se tu pretende... Quero dizer, se tu quisesse... Quero dizer... E se tu nos desse uma chuva?... Hum?... Faz chover, tu pode? Faz chover e então... então eu acreditaria... e... Simples, é tudo, faz chover! Uma chuva curta, antes que venha a noite... Isso vai refrescar a nós três e... E a barata... é, esse verme... é, essa aranha... vai se afogar! Faz chover e acreditarei em ti, faz chover, tu pode? Nós dois acreditaremos em ti... Begar, diz pra ele que se ele fizer...

BEGAR (*hipnotizado pela ideia da chuva*): Vamos lá, faz, tu, homem! Vamos, tu, o Cristo! Uma chuva curta e... ficaremos satisfeitos... ficaremos... reconciliados com nossa alma... e... Vamos, uma chuva no rosto...

HUMIL: Tu pode? Uma chuva de um minuto, tu pode? Diz, tu pode?

BEGAR: Meu Deus, uma chuva... Se tu és filho dele... dá-nos ao menos algumas gotas... Ó... Vou abrir a boca... e... ao menos uma gota... Tu pode?

O HOMEM FERIDO NO COSTADO (*grande esforço para erguer a cabeça e para abrir as pálpebras; olha primeiro para Begar, depois para Humil; impotência dolorosa em seu olhar; falando, geme como uma criança e depois sua cabeça recai sobre o peito*): Não posso.

HUMIL: Então pelo menos... pelo menos faz com que apareça uma nuvem... Nada mais, uma nuvem no céu...

BEGAR: Ou então... se isso te parece mais fácil de... de fazer, faz soprar um pouco de vento... faz soprar uma brisa... Se... se, pelo menos... o vento...

O HOMEM FERIDO NO COSTADO (*desesperado*): Não posso! Não posso! Não posso!

BEGAR: Nem uma brisa? Mas tu pode o quê, então?

HUMIL: Faz com que o gordo perca! Que o gordo perca nos dados! Dá para o magro cinco vezes seis! Dá pra ele?... Dá para o magro cinco vezes seis e acreditarei e morrerei libertado e tudo será como tu dizia...

O HOMEM FERIDO NO COSTADO (*perturbado*): Não posso! Não posso! Não posso!

HUMIL: É um desgraçado... um sedutor dessa pobre gente... Ao menos afasta a aranha... a barata... Faz ela ir embora...

BEGAR: É, é... é isso... pelo menos isso... Talvez isso tu possa... talvez tu possa fazer... Isso não vai ser muito difícil pra ti... não é grande coisa... Que ela vá embora, essa porcaria... Que ela vá embora, que ela afunde na terra, tu pode?

HUMIL (*desesperado*): Ele não pode! Ele não pode! Ele não pode fazer nada... Ei, Deus, por que tu não existe? (*Cada vez mais torturado, debate-se de novo na cruz.*) Por que tu não é? Onde tu está? Por quê, por quê?... (*Para O Homem Ferido no Costado.*) Diz pra nós, tu é ou não é? Tu é o seu filho ou tu não é o seu filho?... Tu é rei e Cristo, ou tu não é? Diz pra nós que tu é e vamos acreditar em ti... Tá ouvindo? Diz somente que tu é e vamos estar contigo... vamos acreditar em ti... saberemos que somos imortais nos céus e vamos acreditar... Diz somente SIM, EU SOU MESMO SEU FILHO...

BEGAR (*como em um sonho*): Diz somente SIM... diz somente SIM...

HUMIL: Ei, homem, está morto? Diz SIM.

BEGAR: Diz SIM... Vamos, diz SIM...

O HOMEM FERIDO NO COSTADO: Não estou morto...

HUMIL: Não está morto? Então diz SIM...

BEGAR: Confessa pelo menos se tu ainda acredita... Pelo menos tu, tu acredita?

HUMIL: Diz SIM... Mas diz de uma vez por todas SIM...

O HOMEM FERIDO NO COSTADO: Não estou morto... Não estou morto...

BEGAR: Como é que se pode acreditar sem provas? Por que é que tu acredita sem provas?

O HOMEM FERIDO NO COSTADO: Não estou morto...

HUMIL: Diz SIM, está ouvindo?... Diz SIM... Mesmo se tu não é carne da sua carne e osso dos seus ossos... Diz somente isso... SIM, EU SOU...

O HOMEM FERIDO NO COSTADO: Não estou morto... não estou... não estou...

HUMIL: Diz SIM... Diz SIM, mesmo se for mentira... Ei, homem, o sol vai se pôr e nós... vamos continuar assim... Diz SIM!

(*Pausa. De novo, ouve-se o riso monstruoso do gordo. O sol está quase se pondo. O grande inseto feio e negro começa a subir na cruz d'O Homem Ferido no Costado.*)

BEGAR (*extenuado, fraco, mas com uma voz límpida*): Foi novamente o gordo que ganhou... Estamos fodidos... Humil, não há mais esperança de jeito nenhum, não há nada, de jeito nenhum... Humil, nada, Humil, nada... Humil, não há nada, de jeito nenhum, perdemos por nada, Humil... (*Meneia a cabeça para a direita e para a esquerda, batendo com as costas sobre o lenho da cruz.*) Não há mais nada de jeito nenhum e o gordo vai ganhar sempre, vai ganhar de novo e de novo...

O HOMEM FERIDO NO COSTADO: Não estou morto... Não, meu Deus, não estou morto...

HUMIL (*com malignidade, desesperadamente*)**:** Tá sim, tá morto e esquecido, desgraçado... Acabou, tu não existe mais, tu acreditou sem razão, desgraçado...

BEGAR: E o gordo vai ganhar sempre... Sempre ele vai ganhar de novo e de novo... Até o fim do mundo ele vai ganhar...

O HOMEM FERIDO NO COSTADO (*sussurrando*)**:** Meu Deus, por que me abandonaste?

BEGAR (*ri, asfixiando-se e grunhindo*)**:** He, he... Tá anoitecendo, não é? Tá anoitecendo... Tá com medo, Cristo, não tá? Teu corpo tá esfriando, não tá? Começa a escurecer dentro da tua cabeça...

O HOMEM FERIDO NO COSTADO (*debatendo-se levemente, mas falando com mais força*)**:** Meu Deus, por que me abandonaste?

HUMIL: Pelo menos cala a boca... Engole a língua e cala a boca... Castiga-te por tuas palavras... por teu falatório... (*Olha com um ar de animal encurralado.*) Não quero mais te ouvir!... Não! Não quero mais te ver...

O HOMEM FERIDO NO COSTADO (*gritando, com suas últimas forças*)**:** Meu Deus! Afasta-a! Afasta-a de mim, meu Deus!

BEGAR (*espantado com esse grito, ofegando, com suas últimas forças, para Humil*)**:** O que foi que ele disse? O que é que ele quer agora?

HUMIL: Merda, a aranha está escalando o seu costado... ela subiu no seu costado...

BEGAR: Onde?... Não vejo mais... Onde?

HUMIL: No costado... A aranha está entrando na sua chaga...

BEGAR (*para O Homem Ferido no Costado*)**:** Mas, ei, meu chapa... Faz assim... (*Ele sacode a barriga.*) Sacode um pouco... Ela vai entrar na chaga... (*Enjoado, ele vomita.*) O animal... essa aranha... a vagabunda... Ah, eu não suporto ela... (*Para O Homem Ferido no Costado.*) Ei, Cristo, não deixa que ela... Tenta sacudir a barriga... Faz assim... Derruba ela, merda, ela vai beber o teu sangue...

HUMIL (*apavorado, olhando para o inseto*)**:** Bom Deus, o que é que se pode fazer? Não podemos deixar ele assim...

BEGAR (*inclina-se com todas as suas forças e cospe sobre a chaga atacada pela aranha*)**:** Fica firme, vou cuspir em cima dela... (*Cospe na direção da aranha para que ela saia.*) Vai embora, animal nojento... (*Cospe novamente na direção da aranha.*) Dá o fora! (*Cospe.*) Vai embora! (*Cospe.*) Vamos, sai...

HUMIL: O que é que tu está fazendo? Mas o que é que...

BEGAR (*cospe*)**:** Vamos, cospe, meu Deus, cospe, tu também... (*Cospe.*) Talvez a gente atinja ela... (*Cospe.*) Talvez a gente consiga fazer com que ela pare se cuspirmos... (*Humil começa também a cuspir sobre a aranha que está a ponto de entrar na chaga.*) Tem que exterminar ela... (*Cospe.*) Ela parou? (*Cospe.*) Parece que ela parou... (*Cospe alternadamente com Humil.*) Animal sujo... Que indecente... Que vagabunda... Cospe, Humil, cospe... Não podemos deixar ele assim... Temos que exterminar ela, essa besta...

(*O sol se põe. Cai a noite sobre os esforços desesperados dos dois crucificados em cuspir sobre a aranha para afastá-la da chaga de Cristo.*)

Fim

A SEGUNDA
Tília à
ESQUERDA

Peça em duas partes

AS PERSONAGENS

PRIMEIRA MULHER

SEGUNDA MULHER

PRIMEIRO HOMEM

SEGUNDO HOMEM

PRIMEIRA PARTE

MULHER 1: Fique bem escondida, não apareça. Está vendo a alameda? Está vendo o banco? Está vendo as três tílias ao fundo? A segunda tília à esquerda, está vendo?

MULHER 2: Sim, sim.

MULHER 1: Ele chegou?

MULHER 2: Ainda não.

MULHER 1: Espere então. (*O relógio badala seis horas.*) E agora? Ele está lá?

MULHER 2: Formidável! Ele está lá!

MULHER 1: O que foi que eu disse?! Seis horas em ponto. Seis horas e ele está lá. Há dez anos, às seis horas em ponto, ele chega.

MULHER 2: Ele é louco.

MULHER 1: Espere para ver. O que ele está fazendo?

MULHER 2: Nada. Está esperando.

MULHER 1: Ele pôs o pé esquerdo sobre o banco?

MULHER 2: Sim, é isso.

MULHER 1: Você vai ver agora. Às seis horas e trinta segundos em ponto, eu abro as cortinas. Ele, ele vai fazer a expressão de perceber alguma coisa no céu e vai se sentar. (*Abre as janelas.*) Hein?

MULHER 2: Incrível, está olhando para o céu.

MULHER 1: O que foi que eu disse? Há dez anos, ele faz o mesmo gesto. E agora, ele está sentado?

MULHER 2: Sim, está sentado.

MULHER 1: Bom, agora, eu abro a janela. Você vai ver, depois que eu tiver aberto a janela, ele vai tirar os cigarros do bolso. (*Ela abre a janela.*) Está vendo?

MULHER 2: É extraordinário, nunca vi uma coisa assim.

MULHER 1: Não? Você não tem a impressão de que ele faz exatamente o que eu quero? Veja, vou dar alguns passos diante da janela. Enquanto eu não der o centésimo passo, ele continuará imóvel, com os cigarros na mão. (*Anda em frente à janela.*) Posso mantê-lo paralisado assim o tempo que eu quiser. Ele não ousaria acender um cigarro antes que eu pare.

MULHER 2: Pare, então, para vermos.

MULHER 1: Não, eu costumo andar exatamente meio minuto. Cinco idas, cinco voltas. (*Cantarolando.*) Pronto, agora eu paro. Então, ele acendeu o cigarro?

MULHER 2: Sim, meu Deus, sim.

MULHER 1: Está vendo? Compreende? Cheguei ao ponto de manipulá-lo como a uma marionete. E agora ele vai deixar o fósforo aceso entre os dedos até que eu levante o braço.

MULHER 2: Incrível. Mas eu me pergunto por que ele vem.

MULHER 1: Eu não sei. Não sei de nada. Há dez anos, eu me pergunto o que de fato acontece. A única explicação é que eu tenho um poder misterioso sobre ele.

MULHER 2: Será que você conseguiria fazê-lo plantar uma bananeira?

MULHER 1: Não sei. Mas acho que aos poucos eu talvez conseguisse. Agora, eu vou fazer círculos com o braço direito. Ele jogou fora o palito de fósforo?

MULHER 2: Ainda não.

MULHER 1: Ele vai jogar. Talvez não tenha feito bastantes círculos.

MULHER 2: Ah, ele é teimoso, não vai jogar o fósforo.

MULHER 1: De fato aqui sempre surge um pequeno problema. Esta parte, eu deveria retrabalhar.

MULHER 2: Pronto, ele jogou.

MULHER 1: Muito bem.

MULHER 2: Está doendo o braço?

MULHER 1: Um pouco.

MULHER 2: E agora?

MULHER 1: Agora, é um momento muito interessante. Eu vou colocar a mão nos meus óculos e vou ficar imóvel alguns segundos.

MULHER 2: E ele?

MULHER 1: Ele vai se levantar.

MULHER 2: Não posso acreditar.

MULHER 1: Espere para ver.

MULHER 2: Ele se levantou, ele se levantou!

MULHER 1: E eu limpo meus óculos... então ele passeia na frente do banco.

MULHER 2: Não está andando, o traidor.

MULHER 1: Espere, eu ainda não comecei... Ah, desgraça, onde foi que eu botei meu lenço?

MULHER 2: Como é? Não está com o lenço? Quer estragar tudo?

MULHER 1: Devo ter deixado no banheiro. Eu sempre o esqueço no banheiro.

MULHER 2: Vai dar tudo errado, ele vai andar por si mesmo.

MULHER 1: Não, isso nunca. Ele não vai se mover antes que eu tenha encontrado o meu lenço.

MULHER 2: Espere, tome o meu.

MULHER 1 (*olhando para o lenço*): Ah, bordado de Veneza... Está se movendo?

MULHER 2: Está se movendo, está se movendo!

MULHER 1: Vai ver logo, logo que ele vai também tirar o seu lenço e enxugar a testa.

MULHER 2: Ele o tirou!

MULHER 1: Certamente. E agora, eu inspiro várias vezes profundamente... (*Ela inspira.*) E ele vai se encostar no tronco da tília.

MULHER 2: Encostar-se contra uma árvore é transferir a energia negativa para a árvore. Sabia disso?

MULHER 1: Não.

MULHER 2: Será que você não poderia prolongar ainda um pouco o seu passeio?

MULHER 1: Eu acho que sim, mas não gostaria de forçá-lo.

MULHER 2: Seria interessante ver até quando poderia prolongar o passeio.

MULHER 1: Ora... talvez indefinidamente. Acho que posso fazer dele o que bem entender. Só que tenho um pouco de medo.

MULHER 2: Tem medo de que vá embora?

MULHER 1: Não sei, eu não queria fazê-lo sofrer. Você sabe que acabei ficando ligada a ele. Há dez anos, ele me obedece sem reclamar. Ele não faltou uma única vez. Eu me sinto um pouco obrigada a não o maltratar.

MULHER 2 (*sádica*)**:** Seria divertido se você conseguisse fazer com que ele... arrancasse um olho, por exemplo.

MULHER 1 (*sempre inspirando*)**:** Não... Não... agora não... Talvez mais tarde, dentro de alguns anos... Ele encostou-se na árvore?

MULHER 2: Sim, encostou-se.

MULHER 1: Quando parar de fazer minhas respirações, jogará fora o cigarro. E, depois disso, vai apagá-lo com o pé.

MULHER 2: Quantas respirações vai fazer ainda?

MULHER 1: Vou deixar que dê ainda umas baforadas.

MULHER 2: Mas por quê? Faça ele jogar o cigarro agora.

MULHER 1: Com o cigarro não, sei que ele gosta de fumar, e ele poderia ficar contrariado em ter que jogá-lo tão cedo.

MULHER 2: Preste atenção, está chegando ao fim.

MULHER 1: Mesmo? Ele fuma cada vez mais rápido. Pronto, parei a respiração. Ele jogou fora o cigarro?

MULHER 2: Sim.

MULHER 1: Bom, é tudo. O número está terminado.

MULHER 2: Não é grande coisa.

MULHER 1: Acho também que eu poderia inventar ainda alguns pequenos truques. Isso virá com o tempo.

MULHER 2: Sim, mas é uma pena abandoná-lo num momento tão bom. Eu o espremeria como um limão, agora. Eu aproveitaria, pode estar certa.

MULHER 1: Tem é que encontrar um para você também.

MULHER 2: Ele colocou as mãos nos bolsos.

MULHER 1: Ah, sim! Este é o sinal de que devo fechar a janela.

MULHER 2: E ele?

MULHER 1: Ele irá embora assim que eu tiver fechado a janela.

MULHER 2: Tenho a impressão de que seu rapagão está resmungando alguma coisa.

MULHER 1: É, acabo de ter a mesma impressão.

MULHER 2: E se ele lhe dissesse palavras de amor...

MULHER 1: Você acha?

MULHER 2: Quem sabe? Talvez você tenha perdido uma grande paixão.

MULHER 1: Pois eu acho que está falando sozinho. (*Ela fecha a janela.*) Foi embora?

MULHER 2: Foi embora.

SEGUNDA PARTE

HOMEM 1: Que horas são?

HOMEM 2: Seis horas. Seis horas em ponto.

HOMEM 1: Venha cá... mais perto... Fique escondido atrás da segunda tília. Pronto... Fique aí... Ótimo, está vendo a casa?

HOMEM 2: Sim.

HOMEM 1: O primeiro andar. A segunda janela à direita...

HOMEM 2: Sim, sim...

HOMEM 1: Ótimo... Ótimo, fique assim. Agora, escute, são seis horas, vou me aproximar deste banco e ela, ela vai abrir as cortinas.

HOMEM 2: Não acredito.

HOMEM 1: Espere pra ver, faço ela abrir as cortinas exatamente às seis horas, um minuto e trinta segundos.

HOMEM 2: Ela deve ser louca...

HOMEM 1: Não sei. O que sei é que tenho um poder misterioso sobre ela.

HOMEM 2: Oh, meu Deus, você tinha razão!

HOMEM 1: Viu isto? Viu?

HOMEM 2: Talvez ela abra as cortinas todos os dias a esta hora.

HOMEM 1: Não, pois isso não é tudo. Agora, vou olhar para o céu. Vai ver, cada vez que olho para o céu, ela abre a janela...

HOMEM 2: E se você não olhasse para o céu?

HOMEM 1: Não faria sentido algum. Por que não olhar para o céu? O que importa é que ela abre a janela depois de eu olhar para o céu e sentar-me no banco.

HOMEM 2: É absolutamente necessário que você sente no banco?

HOMEM 1: Não sei, mas não quero correr nenhum risco. É ao menos mais convincente se eu me sentar.

HOMEM 2: Fantástico! Ela abriu!

HOMEM 1: Abriu a janela, não é?

HOMEM 2: Incrível.

HOMEM 1: O que é que eu lhe disse, hein? Mas a parte mais excitante é agora. Eu pego meus cigarros e ela, como se tivesse recebido uma ordem, ela se põe a passear diante da janela.

HOMEM 2: Isso eu quero ver!

HOMEM 1: Você vai ver.

HOMEM 2: Mas... o que é que você faz?

HOMEM 1: Conto os segundos... Deixo que passeie exatamente meio minuto. Cinco idas para a esquerda, cinco para a direita... Depois acendo o cigarro. Vamos lá, conte.

HOMEM 2: Dois... três...

HOMEM 1: Quanto falta ainda?

HOMEM 2: Ainda um pouco... quatro... cinco!

HOMEM 1: Ótimo, acendo o cigarro. Cada vez que acendo o cigarro, ela para.

HOMEM 2: Ela parou, ela parou!

HOMEM 1: O que é que eu lhe disse? Eu a tenho nas minhas mãos. E agora, melhor ainda. Vou ficar com o fósforo aceso entre os dedos e ela, ela vai levantar os braços e fazer círculos com o direito.

HOMEM 2: Quanto tempo pode mantê-la assim?

HOMEM 1: O tempo que quiser, mas não quero abusar.

HOMEM 2: É engraçado.

HOMEM 1: Quando jogo o fósforo fora, ela para de girar o braço. Veja, atiro o fósforo, ela baixa os braços e faz um pouco de massagem. E, depois disso, ela coloca a mão nos óculos.

HOMEM 2: Por enquanto ela continua massageando o ombro.

HOMEM 1: É, talvez tenha exagerado um pouco com os círculos.

HOMEM 2: Não tem problema, deixe que ela sofra.

HOMEM 1: Não quero fazê-la sofrer. Acho que estou ligado a ela. Ela é tão dócil e tão maleável que fico pura e simplesmente comovido.

HOMEM 2: Você é um sentimental e isso não é muito bom.

HOMEM 1: Ela já colocou a mão nos óculos?

HOMEM 2: Já.

HOMEM 1: Ótimo. Agora, você vai ver o que vai ver. Vou me levantar e ela vai começar a limpar os óculos.

HOMEM 2: Ah! Ela não quer!

HOMEM 1: Oh, meu Deus, mas o que ela está fazendo?

HOMEM 2: Está olhando em torno, parece estar um pouco perdida.

HOMEM 1: É estranho, ela fica sempre um pouco perdida neste momento.

HOMEM 2: Enfim, ela encontrou o lenço.

HOMEM 1: Está limpando-os?

HOMEM 2: Está limpando-os.

HOMEM 1: É isso. Às vezes fico tentado a ficar imóvel um tempo maior para ver até quando consigo fazê-la limpar os óculos.

HOMEM 2: No seu lugar, eu não teria piedade, forçaria a barra. Hein? Tem medo do quê?

HOMEM 1: Não é dela que tenho medo. É do meu poder sobre ela que tenho medo. Fico simplesmente apavorado com o que poderia fazer, compreende?

HOMEM 2: Compreendo.

HOMEM 1: Está convencido?

HOMEM 2: Ah, sim, é óbvio!

HOMEM 1: Agora vou começar a passear um pouco na frente do tronco... Vou tirar meu lenço... e ela colocará os óculos. É a causa e depois o efeito.

HOMEM 2: Ela não fica mal de óculos, ela é elegante.

HOMEM 1: Ah, você acha? Mas olha como ela se põe a respirar. Cada vez que tiro o lenço e cubro o rosto, ela coloca os óculos no narizinho e depois respira fundo.

HOMEM 2: E como você faz para ela parar?

HOMEM 1: Delicadamente. Eu vou me aproximando do tronco da tília e o abraço, e ela, ela para.

HOMEM 2: Deixe-a respirar mais um pouco.

HOMEM 1: Ah, claro, não vou jogar fora o cigarro, gosto de fumar até o filtro.

HOMEM 2: Sabe que abraçar uma árvore provoca uma transferência de energia positiva da árvore para o homem?

HOMEM 1: É mesmo? Não sabia. Bom, a última tragada. Pronto... Que foi que ela fez? Ela parou?

HOMEM 2: Sim.

HOMEM 1: Pronto, é tudo, podemos ir.

HOMEM 2: Ah, que pena, você poderia inventar outras coisas.

HOMEM 1: Como inventar outras? Não acha que é o bastante?

HOMEM 2: Olhe, ela fechou a janela.

HOMEM 1: E você não pergunta por quê?

HOMEM 2: Por quê?

HOMEM 1: Porque coloquei as mãos nos bolsos. Há dez anos, toda vez que ponho as mãos nos bolsos, ela fecha a janela. Gostou?

HOMEM 2: Sim, mas... tenho a impressão de que ela falava o tempo todo.

HOMEM 1: Eu também. Nesses últimos tempos, tenho tido a impressão de que começou a falar sozinha...

HOMEM 2: Talvez ela tenha lhe dito palavras de amor, meu velho. Talvez você esteja perdendo uma grande história.

HOMEM 1: Uma grande história, ah, quem sabe?

Fim

NOTA

A Aranha na Chaga, O Último Godot e *A Segunda Tília à Esquerda* foram encenadas pela primeira vez na França em 1992, pela Companhia Teatral Le Jodel, de Avignon, dirigida por Pascal Papini.

Os Bolsos Cheios de Pão foi encenada pela primeira vez na França em 1993, pela Companhia Pli Urgent, de Lyon, dirigida por Christian Auger.

DO MESMO AUTOR, LEIA TAMBÉM:

A História dos Ursos Pandas Contada por um Saxofonista que Tem uma Namorada em Frankfurt:
Ele pede a Ela que lhe conceda nove noites. O pacto será realizado, e um mundo à parte será criado – povoado por uma linguagem metafórica, situações codificadas e um profundo mistério.

Um Trabalhinho para Velhos Palhaços:
Três palhaços esperam ser recebidos para uma audição. É a ocasião de se lembrar do passado, mas também de provar o seu talento. Engraçado e patético.

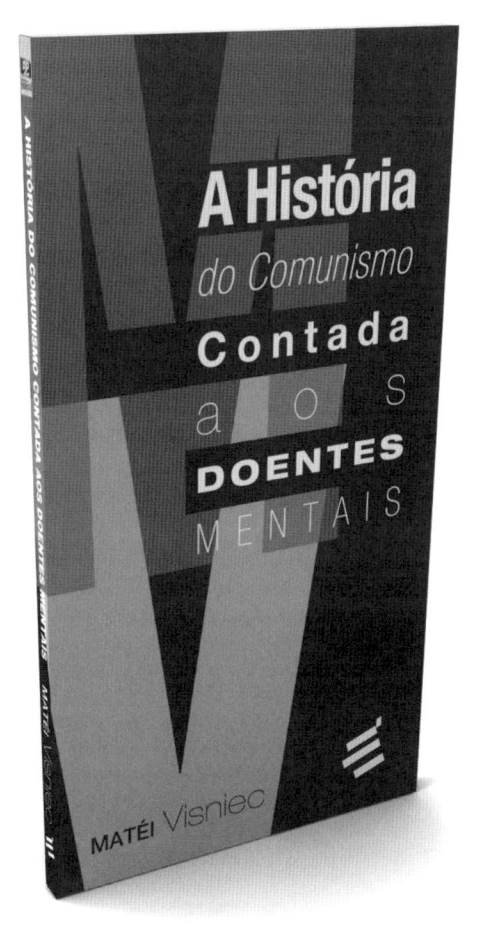

A História do Comunismo Contada aos Doentes Mentais

MATÉI Visniec

Moscou, 1953. Algumas semanas antes da morte de Stálin, o diretor do hospital onde a peça é encenada convida um escritor a passar uma temporada ali e pede-lhe para reescrever, de maneira acessível ao entendimento dos deficientes mentais leves, médios e graves, a história do comunismo e da Revolução de Outubro. Ele é convencido de que essa "terapia" poderá curar vários internos... Esta peça nos faz mergulhar no universo sórdido desses hospitais psiquiátricos em que se acotovelavam doentes reais e oponentes internados pelo regime. Demonstra-nos uma vez mais que, quaisquer que sejam as circunstâncias, o homem não pode viver sem utopias... Mesmo com o risco de abismar-se no horror ao tentar colocá-las em prática.

CONHEÇA OS TÍTULOS DA COLEÇÃO MATÉI VISNIEC:

- A História do Comunismo Contada aos Doentes Mentais
- Ricardo III Está Cancelada – Ou Cenas da Vida de Meierhold
- Três Noites com Madox
- A Máquina Tchékhov
- A História dos Ursos Pandas Contada por um Saxofonista que Tem uma Namorada em Frankfurt *seguida de* Um Trabalhinho para Velhos Palhaços
- A Mulher-Alvo e Seus Dez Amantes
- A Palavra Progresso na Boca de Minha Mãe Soava Terrivelmente Falsa
- Teatro Decomposto ou O Homem-Lixo – Textos para um Espetáculo-diálogo de Monólogos
- Pesquisa sobre o Desaparecimento de um Anão de Jardim
- Cuidado com as Velhinhas Carentes e Solitárias
- Da Sensação de Elasticidade Quando se Marcha sobre Cadáveres
- O Rei, o Rato e o Bufão do Rei
- O Último Godot
- Os Desvãos Cioran ou Mansarda em Paris com Vista para a Morte
- Paparazzi ou A Crônica de um Amanhecer Abortado *seguida de* A Mulher como Campo de Batalha ou Do Sexo da Mulher como Campo de Batalha na Guerra da Bósnia
- Por que Hécuba

facebook.com/erealizacoeseditora

twitter.com/erealizacoes

instagram.com/erealiza

youtube.com/editorae

issuu.com/editora_e

erealizacoes.com.br

atendimento@erealizacoes.com.br